Judith Le Huray
Ein Channel für die Zukunft

Judith Le Huray

Ein Channel für die Zukunft

Hase und Igel®
light

Für Lehrkräfte gibt es zu diesem Buch
ausführliches Begleitmaterial beim Hase und Igel Verlag.

© 2020 Hase und Igel Verlag GmbH, München
www.hase-und-igel.de
Lektorat: Patrik Eis, Mira Fischer
Illustrationen: Petra Dorkenwald
Satz: Appel Grafik München GmbH
Druck: Grafisches Centrum Cuno GmbH & Co. KG

ISBN 978-3-86316-075-3
1. Auflage 2020

Inhalt

1. Kapitel

Ein starkes Team

„Oh Samira, das ist sooo coool!", quietscht
eine Sechstklässlerin auf dem Schulhof.
Andächtig schaut sie auf ein Smartphone.
„Du bist ein richtiger YouTube-Star."

5   „Ach was." Samira wirft ihre langen,
dunkelbraunen Haare zurück. „Ich bin doch
erst am Anfang."

„Pff!", prustet Nora und stupst ihre Freundin Isi mit dem Ellenbogen an. „Miss Spliss hat einen neuen Fan."

„Schrecklich!" Isi macht ein erschüttertes Gesicht. „Mein Haar hat Spliss. So kann ich unmöglich aus dem Haus gehen!", äfft sie die Klassenkameradin nach.

Seit einem halben Jahr hat Samira einen YouTube-Kanal. Im ersten Video jammerte sie wegen ihrer gespaltenen Haarspitzen. Angeblich hat eine teure Haarspülung geholfen. Die hat sie auf ihrem Channel angepriesen, als könnte man damit die Welt retten. Seitdem berichtet sie jeden Monat von einem neuen Wunderprodukt und gibt Kosmetiktipps.

Plötzlich spürt Nora eine Hand auf ihrer Schulter. „Hallo, Mädels", kommt eine Stimme von hinten. „Habt ihr heute Mittag schon was vor?"

„Hi, Lenny." Isi grinst. „Willst du ein Date mit uns beiden?"

„Genau. Wir sollten mal die neue Ausgabe der Schülerzeitung planen."

„Och, schade." Nora stöhnt übertrieben. „Ich dachte, du wolltest uns zu einem Eis einladen." Gern würde sie mit dem hübschen Wuschelkopf aus der Achten allein in die Eisdiele gehen. Ohne Isi. Aber das verrät sie weder ihm noch ihr.

Lenny lacht. „Vielleicht ein anderes Mal. Na, wie sieht's aus? Heute um eins in unserem Büro?"

„Eigentlich sollte ich Vokabeln lernen", wendet Isi ein.

„Ach was." Lenny winkt ab. „Lernen wird überbewertet. Außerdem ist es bei euch in der Siebten ja noch nicht so wild."

„Haha." Isi rollt die Augen. „Leider hab ich kein schlaues Männchen im Kopf, das mir alles vorsagt." Keiner weiß, wie Lenny zu seinen guten Noten kommt. Er lernt kaum, gehört aber trotzdem zu den Besten seiner Klasse.

Um zehn nach eins sind sie erst zu dritt in dem kleinen Büro der Schülerzeitung. Der Platz reicht gerade für einen Tisch mit Computer, ein paar Stühle und ein Regal. Zu fünft ist es ziemlich eng. Aber immerhin hat die Redaktion einen eigenen Raum.

Da stürmt Esma herein. „Habt ihr schon angefangen? Hoffentlich nicht! Ich hab völlig vergessen, auf die Uhr zu gucken. Musste dringend noch was zu Ende erzählen."

Nora lacht. „Echt? Das ist ja mal was ganz Neues."

Die Sechstklässlerin Esma ist erst vor knapp vier Jahren von Syrien nach Deutschland gekommen. Inzwischen spricht sie nicht nur perfekt Deutsch, sondern redet manchmal auch wie ein Wasserfall.

Bald darauf öffnet sich wieder die Tür. „Hallo, Leute!", ruft Mark und wirft seinen langen, blonden Pony zurück. „Ich musste eben noch was Wichtiges checken."

„Okay, du Checker", sagt Lenny. „Dann sind wir endlich komplett."

Bis vor einem halben Jahr hat eine Lehrerin bei der Schülerzeitung geholfen. Seit sie im Mutterschutz ist, werkelt die AG allein. Die fünf sind ein prima Team. Jeder hat andere Talente. Nora sprüht vor Ideen. Sie will später Reporterin werden. Isabell, genannt Isi, ist supergut in Rechtschreibung. Esma kann toll zeichnen. Und bei Interviews fragt sie den Leuten Löcher in den Bauch. Für die Technik ist Mark zuständig. Der fast fünfzehnjährige Lenny ist der Älteste. Er kann gut organisieren und hält den Laden zusammen.

„Also, wir sollten mal wieder eine Ausgabe unserer Schülerzeitung planen", beginnt Lenny.

„Mir würde ein Malwettbewerb gefallen", sagt Esma. „Da könnten viele mitmachen."

„Gute Idee." Isi schiebt ihre Brille zurecht. „Vielleicht zu einem Thema, das die Schule oder die Stadt betrifft."

„Aber nur, wenn Esma nicht teilnimmt", wendet Nora mit einem Augenzwinkern ein. „Sonst haben die anderen keine Chance."

Lenny notiert alles. „Weitere Vorschläge?"

„Die poplige Ausstattung unseres Computerraums wäre einen Bericht wert", findet Mark. „Viel zu wenige PCs. Und aus der

Steinzeit." Er kämmt mit den Fingern seine Haare zurück. „Aber bevor wir mit der neuen Zeitung loslegen, wollte ich noch was anderes vorschlagen. Wie wär's mit einem YouTube-Channel?"

„So wie Miss Spliss?" Nora tut so, als würde sie sich sorgfältig schminken.

Sofort steigt Isi ein. „Huch, mir ist ein Fingernagel abgebrochen", jammert sie gekünstelt und legt ihren Handrücken an die Stirn. „Hilfe, ich brauche einen Notarzt!"

Mark lacht. „Na ja, ich will eigentlich nicht so gern Nagellack und Wimperntusche testen."

„Samira ist auch viel hübscher als wir", findet Esma.

Lenny zuckt mit den Schultern. „Wer weiß, wie sie ohne die Tonne Schminke aussieht. Ihr seid mir jedenfalls lieber."

„He, jetzt hör mal auf, die Mädels anzubaggern", beschwert sich Mark. Dann kramt er einen verknitterten Prospekt aus der Hosentasche. „Hier, schaut mal. Die Stadt sucht ein paar Jugendliche für ihren Channel. Es gibt sogar Knete."

Lenny nimmt ihm den Zettel aus der Hand und liest vor:

Stadtkanal hofft auf junge Talente

Für den städtischen Videokanal sucht die Stadt Rautestein ein Team von jungen Leuten zwischen 12 und 18 Jahren. Mit Beiträgen zu einem selbst gewählten Themenbereich sollen sie die Bevölkerung überzeugen. Nach einer Vorauswahl treten die besten Teams gegeneinander an.

Innerhalb von sechs Wochen werden pro Filmcrew drei Videos online gestellt. Die Gruppe mit den meisten Followern bekommt dann den Zuschlag für den Jugend-Stadtkanal von Rautestein.

Das Siegerteam erhält eine professionelle Filmausrüstung. Pro Jahr präsentieren die

Jugendlichen fünf bis sechs Videobeiträge beim Stadtkanal. Für jedes dort veröffentlichte Video erhalten sie 200,- Euro.

Isi reißt erstaunt die Augen auf. „Zweihundert Euro pro Kopf?"

„Nee, hab eben nachgehakt", antwortet Mark. „Alle zusammen. Trotzdem nicht übel. Das wären vierzig Mäuse für jeden von uns."

„Hey, das hört sich echt interessant an", findet Nora.

„Ja, da müssen wir uns bewerben!", quietscht Esma aufgeregt. „Ich will nämlich mal Fernsehreporterin werden. Oh bitte, lasst uns mitmachen! Ich darf, ich bin schon zwölf."

Noras Blick fällt auf ein Datum im Kleingedruckten. „Och nö, schaut mal hier. Man muss sich bis in zwei Wochen mit dem ersten Video bewerben. Das schaffen wir nie!"

„Na ja, ein bisschen knapp ist es", gibt Mark zu.

„He Leute, wir kriegen das hin!", ist Lenny
überzeugt. „Wir sind schließlich ein starkes
Team. Also, wer ist dafür?"

Sechs Hände gehen nach oben. Je eine von
Lenny, Mark, Nora und Isi. Dann noch zwei
Arme von Esma, die damit wild herum-
wedelt. Vielleicht hat sie Angst, übersehen zu
werden. Sie ist nämlich nicht nur die Jüngste,
sondern auch kleiner als die anderen.

„Okay, super." Lenny steckt seinen Kuli
in die Tasche. „Dann würde ich sagen, wir
treffen uns morgen um dieselbe Zeit wieder.
Bis dahin macht sich jeder Gedanken, welche
Themen infrage kommen. Vielleicht können
wir ja in der neuen Ausgabe der Schülerzeitung
von der Filmerei berichten."

Mark winkt grinsend ab. „Videos sind viel
besser. Da muss man nicht lesen."

„Na, das passt ja für Blondies wie dich",
witzelt Isi. Sie weiß, dass Mark stapelweise
Bücher über Technik verschlingt.

„Hey, wenn du nicht nett zu mir bist, schneide ich dich aus den Aufnahmen raus", mahnt Mark im Spaß.

Alle fünf lesen und schreiben gern. Alle fünf wirken begeistert bei der Schülerzeitung mit. Aber ein eigener YouTube-Channel – das wäre eine neue, spannende Herausforderung.

2. Kapitel

So ein Müll

Am nächsten Mittag kommt Organisator
Lenny gleich zur Sache. „Welche Vorschläge
habt ihr nun für den Video-Kanal?"

Esma macht den Anfang: „Wie wär's,
wenn wir über die Lehrer an den Schulen von
Rautestein berichten? Also in jedem Video
ein Interview mit einem anderen Lehrer."

„Nicht schlecht", meint Isi. „Ich fände
interessant, den Neubau des Jugendhauses
zu verfolgen."

„Okay, klingt beides gut." Lenny blickt
von seinem Block auf. „Ein Bericht über das
Sportangebot wäre auch ein Thema. Zum
Beispiel, wo man skaten, Fußball spielen oder
biken kann."

„Ich hab zwei Ideen." Nora schiebt sich
eine ihrer dunkelblonden Locken hinters
Ohr. „Zuerst hab ich gedacht, wir könnten so
eine Art Stadtführung für Jugendliche machen.

Nicht nur die üblichen Sehenswürdigkeiten, sondern was junge Leute interessiert."

Mark nickt. „Coole Idee. Könnte von mir sein."

„Heute Morgen auf dem Weg zur Schule ist mir aber noch etwas eingefallen", macht Nora weiter. „Wie wär's mit einem Umweltthema? Im Moment ist auf den Gehwegen alles voll mit Gelben Säcken. In ein paar Wochen gibt es wieder solche Berge von Plastik. Ich sag euch: Der Müll wächst uns über den Kopf."

„Echt?" Mark betrachtet Nora genau. „Ich seh nix. Aber vielleicht ist der Müll *in* deinem Kopf."

„Nee, der ist mit Hirnmasse ausgefüllt. Im Gegensatz zu deinem", scherzt Nora.

Esma kommt wieder zur Sache: „Aber die Säcke werden doch abgeholt. Bei uns in Syrien lag der Abfall oft wochenlang auf den Straßen. Viele wurden davon krank."

„Außerdem ist es gut, wenn die Leute das Zeug im Gelben Sack sammeln", wendet Mark ein. „Dann wird es zumindest wiederverwertet."

„Man kann nur einen Teil recyceln", korrigiert Nora. „Vieles landet in ärmeren Ländern. Oft auch im Meer, wo dann Fische und andere Meerestiere sterben. Das Plastik verstopft ihren Verdauungsapparat und sie verhungern."

„Nora hat leider recht", bestätigt Lenny. „Das Thema ist wirklich wichtig. Aber was hat das mit Rautestein zu tun? Die Videos sollen ja für den Stadtkanal sein."

„Die Bevölkerung ist doch auch beteiligt. Jeder von uns ist für die Umwelt und unsere Zukunft mitverantwortlich." Nora redet sich so richtig in Fahrt. „Ich will nicht krank werden durch schlechte Luft und Mikroplastik. Die machen nämlich um unser Städtchen keinen Bogen."

„Da ist was dran", sagt Isi. „Wenn wir noch siebzig Jahre lang leben wollen, kann es nicht so weitergehen."

„Ich will hundert werden", stellt Esma klar. „Das sind noch achtundachtzig Jahre."

Nora lacht. „Dann müssen wir uns echt mächtig anstrengen."

„Hm." Isi kratzt sich am Kopf. „Wir kennen uns mit dem Thema allerdings nicht gut aus."

„Das ist das kleinste Problem", meint Lenny. „Man kann sich informieren. Zum Beispiel im Internet."

„Wisst ihr, was?" Nora richtet sich auf. „Die Müllabfuhr kommt erst in zwei Stunden. Wir könnten jetzt rausgehen und alles anschauen. Vielleicht machen wir auch ein paar Fotos von der Plastikflut. Danach überlegen wir, ob die Sache interessant genug ist."

„Okay, macht Sinn." Lenny klappt seinen Block zu. „Ansonsten haben wir noch andere gute Themen."

Seit dem Morgen sind noch mehr Gelbe Säcke hinzugekommen. Vor allem vor einer Gaststätte ist ein enormer Haufen.

„Starkes Bild." Mark fotografiert den gelben Berg. Auch Nora und Lenny machen Aufnahmen mit ihren Smartphones.

„Das ist wirklich extrem viel unnützes Zeug", stöhnt Lenny einige Häuser weiter. „Schaut euch mal den Inhalt der Tüten an."

Esma untersucht einen der Säcke. „Wieso? Sieht alles ganz normal aus: Dosen, Plastiktüten, Joghurtbecher, Wasserflaschen …"

„Da könnte man eine Menge vermeiden", meint Nora. „Zum Beispiel bei Getränken. Die Plastikflaschen sind meistens nur Einweg."

„Quatsch." Mark schüttelt den Kopf. „Da zahlt man doch Pfand für."

„Im Gegensatz zu Mehrwegflaschen werden sie aber nicht noch einmal befüllt", entgegnet Lenny. „Die kosten Pfand, damit nicht so

viele Flaschen in der Landschaft landen.
Trotzdem findet man dort massenhaft Unrat.
Sogar im Wald." Bei seinen Touren mit dem
Bike hat er schon oft wilde Abfallhaufen ge-
sehen.

Isi seufzt. „Ich kapier nicht, wie Leute so
doof sein können. Der Müll im Wald oder

23

am Straßenrand sieht übel aus und bringt
Tiere in Gefahr."

„Außerdem kostet die Reinigung Steuer-
gelder", fügt Lenny hinzu. „Die werden dann
womöglich beim neuen Jugendhaus wieder
eingespart."

„Vom Burger-Bigger gibt es immer ganz
viel Abfall", erinnert sich Esma. „Der liegt oft
auf Gehwegen oder Parkplätzen. Sogar auf
dem Spielplatz. Obwohl dort Mülleimer sind.
Gestern hab ich Jugendliche im Park gesehen.
Die haben gefuttert und getrunken und dann
den Abfall einfach liegen gelassen. Der Abfall-
korb war nur fünf Meter weiter."

„Wir könnten ja mal beim Burger-Bigger
vorbeigehen", schlägt Nora vor. „Um uns ein
Bild davon zu machen."

Mark legt eine Hand auf den Bauch. „Gute
Idee. Ich hab mordsmäßigen Kohldampf."

Kaum hat er ausgesprochen, machen sie
sich auf den Weg. Mark stürmt als Erster in

das Lokal. Dort bestellt er sich einen Doppelburger mit Pommes und eine Cola. Auch die anderen haben Hunger und holen sich etwas zu essen. Selbst Nora, obwohl sie sich über das Einweggeschirr ärgert.

Nachdem alles aufgefuttert ist, fotografiert Lenny das Chaos auf dem Tisch. „Echt der Hammer, wie viel Müll wir schnell mal produziert haben."

Mark lacht. „Hättest eben langsamer essen müssen. Außerdem waren die Pommes in Pappe."

„Dafür braucht man auch Rohstoffe", wendet Isi ein. „Bäume zum Beispiel."

„Soweit ich weiß, ist sogar das Rindfleisch schlecht für die Umwelt", überlegt Nora. „Die ganzen Rinder müssen ja …"

„Hä? Du spinnst doch." Mark zeigt ihr einen Vogel. „Mir schmeckt der Burger. Das lass ich mir von euch nicht vermiesen."

Zurück in der Schule wollen sie abstimmen, um was es in ihrem YouTube-Kanal gehen soll.

Mark ist gegen das Umweltthema. „Das ist doch voll grottig und öde. Nur was für Müslifresser", meint er. „Dann lieber Lennys Vorschlag mit dem Sportangebot. Oder eine Stadtführung für Jugendliche. Aber nicht so 'nen Müll über Müll!"

„Es soll doch nicht nur um Abfall gehen", wendet Nora ein. „Unsere Luft und das Wasser sind auch in Gefahr."

Mark will sich dennoch nicht überzeugen lassen. „Solang hier keiner pupst, ist die Luft gut", scherzt er. „Und das Wasser kommt sauber aus der Leitung. Weiß ich sicher, hab heute Morgen geduscht."

Esma schnuppert im Spaß an ihm. „Na, ich weiß nicht …"

„Mir gefallen alle Themenvorschläge", sagt Lenny. „Trotzdem bin ich für die Umwelt. Vielleicht können wir mit unseren Videos etwas bewirken. Die Probleme mit dem Müll und die Klimaerwärmung können uns doch nicht komplett egal sein."

„Ich mag's warm", wirft Mark ein. Doch auf diese Bemerkung reagieren die anderen nur mit lautem Stöhnen. Er wird überstimmt. Das Team will über Themen rund um die Umwelt berichten.

„Machst du trotzdem mit?", fragt Lenny.

Mark verdreht die Augen. „Na klar. Ich muss ja eure öden Videos technisch ein bisschen aufpeppen."

„Super! Dann lasst uns damit loslegen. Leute, wir schaffen das! Unser Team ist das beste." Lenny klingt sehr sicher. Obwohl er ahnt, dass es einen harten Kampf um den Zuschlag für den Stadtkanal geben wird.

3. Kapitel

Viel Stress, wenig Zeit

Beim nächsten Treffen stürmt Esma aufgeregt ins Büro. „Wisst ihr, was ich eben gehört habe?"

„Wir haben morgen schulfrei?", hofft Mark.

„Leider nicht." Esma lässt sich auf einen Stuhl plumpsen. „Samira macht auch mit. Sie hat sich angemeldet. Da haben wir doch keine Chance!"

„Für den Stadtkanal?" Isi stößt die Luft aus. „Was für Haarspaltereien wird Miss Spliss denn servieren?"

„Das will sie noch nicht verraten", sagt Esma. „Aber nichts mit Kosmetik."

Nora schluckt. „Das ist keine gute Nachricht. Sie hat viel mehr Erfahrung als wir."

„Ja, das ist hart", stöhnt Mark. „Sie filmt auch bestimmt keinen Müll über Müll. Und sie hat schon jede Menge Fans."

Die Neuigkeit verbreitet alles andere als gute Stimmung. Doch Lenny winkt ab. „Wir haben viel mehr drauf als das Püppchen. Außerdem ist unser Thema hundertpro besser. Also, was haben wir bis jetzt?"

Nora möchte gern daran glauben. Sie atmet tief durch und spielt eine ihrer Aufnahmen ab. „Mir gefällt dieses kurze Video besonders." Einer der Gelben Säcke war aufgerissen. Tetra Paks und Dosen liegen auf dem Boden. Im Wind rollen Joghurtbecher davon, dünne Plastiktüten fliegen durch die Luft.

Mark zeigt sein Handyfoto von dem riesigen Haufen prall gefüllter Plastiksäcke. „Hier ist der Gelbe Berg von Rautestein. Gipfelbesteigung auf eigene Gefahr."

Auch die anderen haben bei der Sammlung einige gute Aufnahmen gemacht. Mark zieht alles auf einen USB-Stick.

„Was meint ihr, sollen wir mit dem Abfallthema anfangen?", fragt Lenny.

„Ja, würde ich schon. Mit dem Schwerpunkt Plastikmüll." Nora deutet auf den

Speicherstick. „Dafür können wir unsere Aufnahmen verwenden. Und nächstes Mal nehmen wir ein anderes Umweltthema."

„Aber Fotos sind doch kein Video", wendet Esma ein.

Mark winkt ab. „Die Bilder kann man so ablaufen lassen, dass es wie ein Film wirkt. Das krieg ich hin."

„Wir brauchen dringend noch mehr Informationen und Fotos", sagt Nora. „Nicht nur eigene von Rautestein. Auch über das Müllproblem auf der ganzen Welt."

„Stimmt", bestätigt Lenny. „Im Internet finden wir sicher was. Zum Beispiel Bilder von Plastikmüll im Meer."

„Oder Müllhalden in armen Ländern", fällt Isi ein.

„Oh ja." Nora stöhnt. „Da müssen oft Kinder arbeiten und werden krank davon."

„Kann man auch ein Interview machen?", fragt Esma.

„Gute Idee", meint Lenny. „Super wären Leute aus Rautestein."

„Von der Müllabfuhr. Oder vom Wertstoffhof", fällt Nora ein. „Und wir sollten ein paar Passanten fragen, ob sie Plastik vermeiden."

Esma strahlt. „Das mach ich dann."

„Wir können uns zusammen Fragen überlegen", bietet Isi an.

„Okay, Esma und Isi kümmern sich um Interviews. Wir anderen suchen bis Montag nach Infos und Bildern zu dem Thema", bestimmt Lenny.

Ein gutes Video in knapp zwei Wochen zu schaffen ist harte Arbeit. Nora hat noch Klavierunterricht, Isi muss Querflöte üben und Lenny trainiert für einen Schwimmwettkampf.

Endlich haben sie einige tolle Bilder und Videoausschnitte zusammen. Am PC sehen sie sich alles an.

Von Isis Smartphone sind die Aufnahmen von den Interviews. Esma hatte keine Scheu, wildfremde Leute anzuquatschen. „Was halten Sie von dem ganzen Plastikmüll?", fragt sie einen älteren Herrn. Der antwortet, dass es früher auch ohne gegangen sei. „Um etwas zu verpacken, nahm man alte Zeitungen. Milch gab's im Eimer vom Bauern oder in Glasflaschen."

Andere finden Plastik praktisch. Was später damit geschieht, wissen sie nicht so genau. Häufig ist es den Leuten egal – nimmt ja die Müllabfuhr mit. Einige trennen den Müll nicht mal. Das ist ihnen zu viel Arbeit, sagen sie.

Ein Mitarbeiter vom Wertstoffhof erläutert, wie bei ihnen sortiert wird. „Dort ist Holz, da drüben Papier. Dann haben wir Elektroschrott, Metall und Plastik", erklärt er. „Das sind wichtige Rohstoffe." Er gibt zu, dass man nicht alles wiederverwerten kann. Aber immerhin einen Teil.

Nora und Lenny haben Berichte aus dem Internet gesammelt. Da erfährt man, wo eine beträchtliche Menge von unseren Wertstoffen landet. Zum Beispiel wird eine riesige Müllhalde in Afrika gezeigt. Arme Familien wühlen im Dreck, um mit verwertbaren Materialien einige Cent zu verdienen.

Dann folgen Bilder aus Malaysia: Berge von Flaschen, Tüten und Dosen aus Plastik oder Metall. Vieles wird dort unerlaubt verbrannt. In der Nähe wohnen Menschen. Von den giftigen Dämpfen bekommen sie Lungenkrankheiten. Zudem wird ihr Trinkwasser verseucht.

„Puh, das ist echt heftig", stöhnt Mark. „Wird wohl doch nicht so viel wiederverwertet."

„Und die Berge werden immer größer. Plastik verrottet ja ewig nicht." Nora deutet auf einige Zahlen. „Eine Tüte braucht um die zwanzig Jahre. Eine Flasche sogar ein halbes Jahrtausend."

„Wegwerfwindeln über vierhundert Jahre!",
staunt Isi. „Meine Oma hatte für meine Mum
noch Baumwollwindeln. Werd ich mir für
meine Babys auch anschaffen."

„Na, wann ist es denn so weit?", neckt Mark.

„Leute, lasst uns weitermachen", drängt
Lenny. „Wir haben viel Material, aber keinen
Plan."

Gemeinsam überlegen sie, wie das Video
aufgebaut werden soll. Welche Aufnahmen
wollen sie verwenden? In welcher Reihenfolge
werden sie zusammengesetzt? Wo passen die
Interviews hinein?

Mit roten Wangen hetzt Esma in die nächste
Sitzung. „Herr Wolf kommt gleich", verkündet
sie keuchend.

„Der Biolehrer?", wundert sich Mark.

„Genau." Esma ist noch ganz außer Atem.
„Ich hab ihm von unserem Video erzählt. Er
will uns ein bisschen helfen."

Schon klopft es an der Tür. „Darf ich rein-
kommen?"

„Wenn ich in der Bioarbeit eine Eins
kriege …", witzelt Mark.

„Oh, ich fürchte, dann muss ich wieder
gehen", antwortet Herr Wolf lachend. Doch
Esma schiebt ihn zu einem Stuhl.

„Ich hab mal was gebastelt." Mark öffnet
das Video am PC. „Ist leider noch nicht der
Knaller."

Aufmerksam betrachten sie das Ergebnis.
Die eigenen Filmaufnahmen sind oft verwackelt und die Tonqualität recht bescheiden.
Zudem ist das Video zu lang, es darf nur
zwanzig Minuten dauern. Doch für den Anfang ist es gar nicht übel.

„Hm." Herr Wolf wiegt den Kopf hin und
her. „Da sind interessante Infos dabei. Aber
habt ihr auch die Bildrechte eingeholt?"

„Bildrechte?", fragt ein überraschter Chor.

„Ups! Daran hab ich gar nicht gedacht",

gibt Lenny zu. „Man darf ja fremde Fotos und Filme nicht einfach verwenden."

„So ist es", bestätigt Herr Wolf. „Leider sind solche Genehmigungen nicht leicht zu bekommen. Und das dauert."

„Aber wir haben keine Zeit", jammert Esma. „Können wir die Sachen nicht trotzdem nehmen?"

„Nein, das geht nicht", sagt Herr Wolf. „Die Stadt würde das Video ablehnen. Das könnte sonst eine hohe Strafe kosten."

Auch das noch! Die Jugendlichen sind geschockt.

„Okay. Dann landet das Müllvideo im Müll." Mark will schon die Löschtaste klicken. Isi kann ihn gerade noch daran hindern.

Verzweifelt stützt Nora den Kopf in die Hände. „Die ganze Arbeit umsonst. Und mit dem Stadtkanal wird's auch nix."

Alle starren vor sich hin. Endlich unterbricht Herr Wolf die Stille. „Eure Idee ist toll, die möchte ich gerne unterstützen. Vielleicht kann ich euch mit dem Bildmaterial helfen."

„Oh ja, bitte!", fleht Esma und drückt die Daumen, bis sie schmerzen.

Nach drei Tagen bekommen sie von Herrn Wolf eine Datei mit interessanten Aufnahmen. „Die dürft ihr alle verwenden. Hab ich schriftlich", sagt er. „Ihr müsst aber im Video die Urheber angeben."

„Cool!" Esma ist begeistert. „Danke!"

Die Bilder ähneln denen, die sie auch ge-
funden hatten: Müllhalden in armen Ländern. Und Menschen, die darin nach verwertbaren Sachen suchen. Genau das, was sie für den Film benötigen.

Der Jubel der Jugendlichen ist groß. Zwar ist es kurz vor knapp, aber dann müssen sie eben Sonderschichten einlegen.

„Wir brauchen ein besseres Drehbuch", meint Isi. „Irgendeinen roten Faden. Der Film könnte zum Beispiel den Weg einer Plastikflasche verfolgen."

Isis Idee klingt einleuchtend. Allerdings erfordert sie zusätzliche Arbeit. Das Internet muss nach neuen Infos durchkämmt werden. Zum Beispiel, wie Plastik aus Erdöl gemacht wird. Und sie benötigen Fotos vom Flaschen-
regal im Supermarkt. Natürlich müssen sie

die Erlaubnis einholen, diese Bilder einbauen zu dürfen.

Endlich ist alles beisammen. Nun geht es wieder an die Planung. Was bleibt drin, was fliegt raus? Wie ist der Ablauf? Einen Filmtitel und den Abspann brauchen sie auch noch. Außerdem einen Sprecher im Hintergrund, der etwas zu den Bildern sagt. Das macht Lenny. Isi schreibt den Text dafür.

Den Film zu schneiden ist Marks Aufgabe. Das werden noch viele Stunden Arbeit. „Ja, ich weiß, Schlafen wird überbewertet", stöhnt er.

Esma macht ein nachdenkliches Gesicht. „Sagt mal, wie heißen wir eigentlich?"

Mark verbeugt sich grinsend. „Ich bin Mark."

Esma knufft ihn in die Schulter. „Ich meine unser Team."

„Ach so. Hm. Gute Frage", gibt Mark zu.

Sofort hagelt es Vorschläge. „Müllstinker" stammt von Mark. Esma würde „Sonnen-

blume" gefallen. „Rautestein und unsere Erde"
ist Lennys Idee. „Umweltschutz für morgen"
schlägt Nora vor. Mark gähnt auffallend.

„Es sollte kürzer sein." Isi überlegt. Dann
hat sie einen Geistesblitz: *„Für Morgen*. Weil
wir dafür kämpfen, dass wir morgen noch
gut leben können."

„Klingt cool", findet Nora.

Esma malt die beiden Wörter auf ein Blatt
Papier. Mal in Großbuchstaben, mal klein.

Dann schreibt sie die Wörter zusammen, mit großen Anfangsbuchstaben.

Mark betrachtet das Bild mit verschränkten Armen. „Gar nicht übel."

„Echt gut. Einprägsam. Und sagt viel aus", lobt Lenny.

Allen gefällt die Idee. Also hat das Video-Team nun einen Namen: *FürMorgen*.

4. Kapitel

Starke Konkurrenz

Geschafft! Einen Tag vor Anmeldeschluss ist das Video fertig. In eindrucksvollen Bildern berichtet *FürMorgen* über das Müllproblem. „Nur eine Plastikflasche" heißt der Film. Esma kauft eine Limoflasche im Supermarkt, trinkt sie leer und wirft sie in die Tonne. Man sieht Bilder von Gelben Säcken auf dem Gehweg. Sie werden gesammelt und der Inhalt sortiert. Es folgen die Interviews von Passanten und dem Mitarbeiter des Wertstoffzentrums. Sprecher Lenny erklärt, dass ein Teil der Abfälle verschifft wird und in Asien landet. Auf einem Foto holt ein ärmlich gekleidetes Mädchen eine Limoflasche aus einem riesigen Berg Plastikmüll. Es könnte die von Esma sein.

„Ist gut geworden", findet Nora.

Isi klopft Mark auf die Schulter. „Hast einen super Film aus unserer wilden Sammlung gemacht."

„War aber auch eine Menge Arbeit für den Müll." Mark stöhnt. „Ob das reicht für die Vorauswahl beim Stadtkanal?"

Lenny lehnt sich zufrieden zurück. „Da bin ich mir sicher." Nun heißt es abwarten.

Während der Stresszeit waren die Tage viel zu kurz. Doch wenn man auf etwas wartet, dauert jede Stunde ewig. Die Leute vom Stadt-kanal scheinen es kein bisschen eilig zu haben.

Lenny ist die Kontaktperson, seine Adresse hat die *FürMorgen*-Crew angegeben. Nach über einer Woche bekommt er einen Brief von der Stadt Rautestein. Endlich! Aufgeregt trommelt er die anderen zusammen.

„Du hast den Brief noch gar nicht aufge-macht?", staunt Esma.

Lenny schüttelt den Kopf. „Den Moment müssen wir gemeinsam erleben." Vorsichtig öffnet er den Umschlag. Alle fünf halten die Luft an.

Dann liest Lenny vor: „Liebes *FürMorgen*-Team, wir freuen uns, euch mitteilen zu dürfen, …" Er atmet durch, schaut kurz in die gespannten Gesichter, dann fährt er fort:

5 „… dass ihr die Stadt Rautestein mit eurem Filmbeitrag überzeugen konntet."

Weiter kommt Lenny erst einmal nicht, er wird vom Jubel übertönt. Da steht noch was von zwei weiteren Videos innerhalb der

10 nächsten Wochen und dass dann die Bürger von Rautestein auswählen würden.

Begeistert fallen sie sich um den Hals. In Lennys Umarmung würde Nora gern länger bleiben. Aber dann löst sie sich und spürt,

15 wie sie rot wird. Zum Glück fällt es keinem auf.

„Jetzt müssen wir dringend den nächsten Beitrag planen", holt Lenny alle auf die Erde zurück.

20 „Sklaventreiber", murrt Mark, nur halb im Spaß.

Beim Treffen einen Tag später platzt Mark ins Büro. „Habt ihr gesehen? Die Videos sind online."

„Was?" Lenny staunt. „Vor zehn Minuten war noch nichts da."

„Stimmt. Aber seit drei Minuten." Mark startet den PC und grummelt, weil das alte Gerät so langsam hochfährt.

„Hier, schaut", sagt er und öffnet die You-Tube-Seite des Stadtkanals. „Miss Spliss hat's auch geschafft."

„Och nö", stöhnt Isi. „Die kriegt doch voll den Größenwahn."

Nora rutscht näher zum Monitor. „Wer ist außerdem dabei? Wir müssten ja drei Teams sein."

„Phil", stellt Lenny fest. „Mist, der ist 'ne echt coole Socke. Spielt Bass in 'ner Band."

Gemeinsam scharen sich die fünf um den Computerbildschirm. Zuerst sehen sie sich noch einmal das eigene Video an. Dass es in der engeren Auswahl ist und weltweit gesehen werden kann, ist ziemlich aufregend.

„Jetzt Samira", schlägt Esma vor.

Die Klassenkameradin von Nora und Isi möchte über Modeläden aus Rautestein berichten. Als Erstes hat sie die Boutique CRAZY FOR YOU ausgesucht. Sie geht durch den Laden, begutachtet die Auswahl, schaut auf

die Preise, inspiziert die Garderoben und unterhält sich mit der Besitzerin. Samiras Fazit: sehr empfehlenswert.

„Das ist echt unheimlich wichtig für den Weltfrieden", bemerkt Nora höhnisch.

„Aber gut gemacht", gibt Mark zu. „Sehr professionell. Sie muss fähige Helfer und eine bessere Filmausstattung haben."

„Grmpf", ist Isis kurze Antwort.

„Ihr großer Bruder ist Fotograf", weiß Esma. „Ich könnte wetten, der hat ihr geholfen."

Rockmusiker Phil will über alles berichten, was die Musikszene von Rautestein zu bieten hat.

„Den kenn ich gar nicht", stellt Isi fest.

„Er geht auf die Nordschule", sagt Lenny. „Durch seine Band hat er jede Menge Fans."

Nora seufzt. „Wie Miss Spliss."

In seinem Film besucht Phil ein Live-konzert in einer Rockkneipe der Altstadt. Er erzählt Interessantes über das Lokal, die

Musiker, die mageren Gagen und sonstige Hintergründe.

„Puh, der ist verdammt gut", gibt Nora zu. „Er bringt's total locker rüber."

„Gegen die anderen haben wir ziemlich abgekackt", ist Marks etwas herbe Meinung.

„Der Inhalt zählt", entgegnet Lenny überzeugt.

Die ersten Reaktionen der Rautesteiner sind leider nicht sehr aufbauend. Im Laufe der nächsten Tage tauchen immer mehr Kommentare unter den Filmbeiträgen auf. „Endlich nimmt jemand die Modeläden unserer Stadt unter die Lupe", ist eine Meinung zu Samiras Bericht. „Interessanter Einblick in die Rautesteiner Musikwelt", heißt es bei Phils Video.

Beim *FürMorgen*-Beitrag dagegen gehen die Meinungen sehr auseinander. Manche loben das Engagement der Jugendlichen, aber viele schimpfen.

Esme Ralda: *Ganz nett, aber was hat das mit Rautestein zu tun?*

Hinterwäldler: *Wir müssen weltweit Plastik reduzieren, auch in Rautestein. Sonst ersticken wir darin. Man sieht ja die Berge von Gelben Säcken im Film. Gut gemacht, weiter so!*

Spitzenmann: *Du bist echt ein Hinterwäldler. Ohne Plastik geht doch gar nichts. Ich hab keinen Bock auf ein Leben wie zur Steinzeit.*

Kicker7: *Das video is voll öde. Zum ein-schlafen.*

Blubl: *Echt. So n bullshit.*

Jessy Ka: *Oh Mann! Müssen wir uns jetzt schon von den Kids vorschreiben lassen, was wir tun sollen?*

NetterWetter: *Die Kids haben recht, es kann so nicht weitergehen. Wenn jeder nur auf seine Bequemlichkeit achtet, dann geht es nicht mehr lang mit unserer Erde. Ich will aber, dass meine Kinder noch das Alter genießen können. Ohne Müllberge, Krankheit durch Mikroplastik,*

*Klimakatastrophe und Hungersnot durch Dürre.
Von mir Daumen hoch für den Film!*
Michi B.: *Das mit der Klimakatastrophe ist
doch nur eine Erfindung von den Ökos.*
Nele Reinmann: *So isses Michi. Die wollen
sich nur aufspielen.*
Die Meiers: *Wir sehen das wie NetterWetter.
Die Katastrophen machen nicht vor Rautestein
halt. Denkt zum Beispiel an die Stürme und
Überschwemmungen letztes Jahr. Unser Keller
ist immer noch nicht ganz trocken. Jeder muss
etwas beitragen, um die Erde zu erhalten.
Durch Plastik werden Treibhausgase und CO_2
freigesetzt. Deshalb sollte man es vermeiden,
wo es geht.*
Pfadsucher: *Wir trinken Wasser aus der
Leitung. Ist billig, schmeckt und man braucht
dafür keinen Verpackungsmüll. Mit Wasser-
sprudler hat man sogar Blubberwasser.*
XYZ: *Sollen doch erst mal die anderen was
tun. Die Chinesen zum Beispiel. Die pro-*

duzieren jede Menge Dreck. Oder die Amis.
Das bisschen von Rautestein macht den Kohl
nicht fett.
Frau Friede: *Wir alle sollten etwas beitragen.*
Weltweit. Rautestein hat 20 000 Einwohner.
Wenn jeder pro Jahr 50 Plastikflaschen ver-
meidet, also eine pro Woche, dann sind das
eine Million Flaschen!!!

Zerknirscht liest das *FürMorgen*-Team die
zum Teil vernichtenden Kommentare. Dann
noch die Bewertungen: 22 Daumen nach
unten und 56 nach oben. Zudem nur 37
Abonnenten. Die Konkurrenz schneidet
wesentlich besser ab. Samira hat 115 Follower,
Phil immerhin 74. Das sieht nicht gut aus.

Nora schüttelt den Kopf. „Manche kapieren
echt null."

„Sie wollen es nicht kapieren", brummt Isi.
„Weil man nur ungern aufgibt, was bequem ist."

Esma stöhnt. „Jeder denkt nur an sich."

„Aber die Rechnung von Frau Friede ist ein gutes Beispiel", bemerkt Lenny. „Eine Million Flaschen sind ein riesiger Berg."

„Ich hab euch immer gesagt: Das mit dem Müll ist Müll", mosert Mark. „Bei Miss Spliss und Phil haben die Leute nicht derart fieses Zeug geschrieben. Irgendwie hab ich gar keinen Bock mehr."

Isi knufft ihn in die Schulter. „Hey, wir brauchen unseren Technikfreak. Von ein paar Schwachköpfen lassen wir uns doch nicht unterkriegen!"

„Sehe ich auch so." Lenny schlägt eine Faust in die Hand. „Jetzt erst recht. Aber die Zeit ist schon wieder knapp. Ich fürchte, wir müssen eine Wochenendschicht einlegen."

„Geht nicht", wendet Nora ein und kramt vier Karten aus ihrer Tasche. „Ich hab am Samstag Geburtstag. Ihr seid eingeladen."

Mark schaut sich sein Kärtchen an. „Ein Picknick am Stausee? Coole Idee!"

Für einen Moment ist der Stadtkanal vergessen. Die Geburtstagsfete am Stausee ist ein Thema, das mehr Spaß macht als dumme Kommentare im Internet.

5. Kapitel

Wasser des Grauens

Schon am Morgen breiten sich Nora und Isi am Stausee aus. Zum Glück, denn gegen Mittag sind nicht mehr viele schöne Plätze frei. An dem herrlichen Sommertag scheint sich halb Rautestein am Seeufer versammelt zu haben.

Esma hat als Geburtstagsgeschenk ein Bettlaken bemalt. Nun hängt das riesige Banner zwischen zwei Bäumen: *Happy Birthday, Nora!* Die Schrift ist mit Blumen und der Zahl vierzehn umrandet.

Unter Sonnenschirmen liegen Decken bereit. Ein Apfelkuchen duftet verführerisch. In Kühlboxen gibt es weitere Leckereien und kalte Getränke. Natürlich sind Limo, Saft und Wasser in Pfandflaschen aus Glas. Um weniger Abfall zu produzieren, hat Nora mit ihrer Mutter altes Geschirr vom Dachboden geholt. Ein paar Macken an den Tellern und der Mischmasch an Gläsern werden ihre Gäste nicht stören.

Um kurz nach eins kommen zwei Klassenkameradinnen, bald darauf auch Esma und Mark.

„Alles Gute zum Geburtstag", raunt dann eine bekannte Stimme in Noras Ohr. Lenny überreicht ihr ein Päckchen. Neugierig packt sie das Geschenk aus. „Ein Kaffeebecher. Mit meinem Namen. Danke!" Da steht noch mehr: *Schön, dass es Dich gibt!* Meint Lenny das wirklich so? Auf jeden Fall ist das ab sofort ihre Lieblingstasse.

Der Geburtstag ist super. Herrliches Wetter, leckeres Essen, nette Leute – Nora ist überglücklich. Natürlich sprechen sie zwischendurch auch über das Video und Umweltthemen, aber das ist heute eher Nebensache. Essen, schwimmen, nass spritzen, Wasserball spielen, sonnen und quasseln sind angesagt. Am späten Nachmittag schaut Lenny nervös auf

die Uhr. „Ich sollte eigentlich zum Training. Hab demnächst einen Wettkampf."

„Quatsch, hier ist doch genug Wasser." Mark deutet auf den See.

„Na ja, ist nicht wie in der Halle, aber …" Lenny überlegt.

„Ich fänd es jedenfalls schön, wenn du bleiben könntest", sagt Nora und wird ein bisschen rot.

„Okay. Dann kraule ich eben ans andere Ufer."

„Echt?" Esma staunt. „Das ist aber weit."

Nur selten schwimmt jemand auf die andere Seite. Soll man auch nicht. Vor drei Jahren ist einer ertrunken. Seitdem gibt es eine Absperrung im See. Wegen spitzer Felsen und Gestrüpp ist die gegenüberliegende Uferseite nur schwer erreichbar. Auch deshalb sind dort fast nie Badegäste.

Zwischen badenden Kindern startet Lenny sein Schwimmtraining. Unter dem Seil taucht er einfach durch. Dann krault er zügig vorwärts. Immer weiter entfernt er sich. Nora kann gerade noch Lennys Kopf und seine kraftvoll paddelnden Arme erkennen.

An der anderen Seite angekommen zieht er sich an einem umgestürzten Baum hoch. Was ist nun los? Warum zappelt Lenny so herum? Ist er in einen Schwarm Stechmücken geraten?

Auch Mark hat ihn entdeckt. Kopf-
schüttelnd deutet er über den See. „Was
macht Lenny da für einen Affentanz?"

Esma lacht. „Vielleicht will er sich für eine
Dance-Show bewerben."

„Wieso kommt er nicht zurück?", wundert
sich Nora.

Lenny scheint etwas auf der anderen Uferseite zu begutachten. Nach einigen Minuten
steigt er wieder in den See. Diesmal krault
er jedoch nicht, sondern hat sich fürs Brust-
schwimmen entschieden. So bleibt sein Kopf
über Wasser. Erst ab der Absperrung geht er
auf Tauchgang, fast bis zum Badestrand.

Hustend und keuchend kommt Lenny aus
dem Wasser. „Das ist voll ätzend!", ruft er
schon, bevor er wieder bei den anderen ist.
„Da drüben ist irgendein Gift im See. Ich
hab massenhaft tote Fische gesehen! Und das
Wasser ist ganz rot."

Mark betrachtet seinen Kumpel. „Vielleicht

Farbe? Du bist nämlich auch rot wie ein
Hummer", meint er.

Lenny schaut an sich herunter. „Stimmt.
Mann, das juckt und brennt!", stöhnt er.
„Sogar im Hals. Und fühlt mal, das Zeug ist
total ölig."

Esma streicht mit einer Hand über Lennys
Arm und reibt dann zwei Finger aneinander.
„Aber nicht wie Sonnencreme. Irgendwie
rauer."

Eine von Noras Freundinnen macht ein angewidertes Gesicht. „Puh, da geh ich lieber nicht mehr ins Wasser."

„Riecht auch merkwürdig." Isi schnuppert. „Ein bisschen nach Metall."

„Leute, ich muss das abwaschen, sonst brennt mir die Haut ab." Lenny schnappt sich seine Tasche und verschwindet zur Dusche.

Zwanzig Minuten später kommt er wieder, angezogen und nach Duschgel duftend. „Ich möchte echt wissen, wer da was für einen Mist in den Stausee gekippt hat."

„Das darf man doch nicht, oder?", fragt Esma.

Lenny schüttelt den Kopf. „Natürlich nicht. Das Gift geht ja ins Grundwasser. Und das ist ein Badesee! Wenn sich das Zeug bis hier verteilt, sehen bald alle aus wie Krebse. Außerdem ist das garantiert gesundheitsschädlich. Sieht man ja an den toten Fischen. Oh Mann, es brennt immer noch."

„Du musst zum Arzt", drängt Nora.

Lenny zuckt mit den Schultern. „Mal sehen, wie es mir morgen geht."

Gemeinsam rätseln sie, was da im Wasser sein könnte. Dünger vom Bauern nebenan? Farbe? Industrieabwasser? Wer hat das hineingekippt? Wen sollte man informieren? Wäre das nicht ein passendes Thema für ein Video von *FürMorgen*?

„Ich werde es auf jeden Fall bei der Stadt melden", beschließt Lenny. „Die müssen das dringend untersuchen."

So langsam leert sich das Badeufer. Auch Noras Gäste machen sich nach und nach auf den Heimweg. Nur Isi, Mark und Lenny sind noch da. Sie helfen, Geschirr und Decken zusammenzupacken.

„Okay, lasst uns gehen." Isi schnappt sich zwei Kühlboxen.

„Hm, ich würde echt gern noch eine Runde um den See drehen", sagt Lenny nachdenklich. „Will ein paar Fotos von dem verseuchten Wasser machen."

„Oh ja, gute Idee", findet Nora. „Wir sind dabei."

5 „Nee, es ist schon bald neun", bemerkt Isi. „Ich muss nach Hause."

Mark nimmt einen Sonnenschirm unter den Arm. „Komm, Isi. Wir wollen das junge Glück nicht stören. Dann spielen wir eben 10 die Lastenträger für Madame."

Nora lacht. „Madame kann auch was verstecken und später abholen. Aber zuerst muss ich meine Leute anrufen."

Ihre Eltern erlauben ihr, noch eine Stunde 15 zu bleiben. Weil sie Geburtstag hat. Allerdings nur, wenn Lenny sie danach nach Hause begleitet.

Beim Spaziergang um den See unterhalten sich Nora und Lenny über das verseuchte 20 Wasser und den Stadtkanal. Aber auch über das gelungene Geburtstagspicknick, über

Lehrer, Bücher, Lennys Schwimmwettkampf
und Noras Klavierunterricht. Schweigsam
bewundern sie den farbenprächtigen Sonnen-
untergang.

5   Nach einiger Zeit wird der Weg enger,
bald gibt es nur noch einen Trampelpfad am
Rand des Sees. Und dann sieht Nora den
ersten toten
Fisch. Wenig

10   später den
nächsten.
„Oje! Das ist ja
schrecklich!", stößt sie aus.
    Immer mehr tote Fische treiben in der
15 rötlichen Brühe. Eine natürliche Ursache hat
diese Färbung bestimmt nicht. Auch einen
öligen Film kann man erkennen.
    Schockiert legt Nora eine Hand auf den
Mund. „Das ist eine Katastrophe! Wir müssen
20 unbedingt in unserem nächsten Video darüber
berichten."

„Genau. Das Wasser des Grauens. Wäre echt ein gutes Umweltthema", bestätigt Lenny. „Falls wir genügend Informationen zusammenbekommen. Mal sehen, was die im Rathaus so meinen."

Schnell machen sie ein paar Fotos und Filmaufnahmen. Leider ist es schon ziemlich dunkel, aber die Fischleichen sieht man deutlich.

Stöhnend steckt Nora ihr Smartphone wieder in die Tasche. „Der reinste Horrorfilm. Davon träum ich garantiert heute Nacht."

Bedrückt gehen sie weiter. An dieser Uferseite führt nur ein halb zugewachsener Holperweg zum See. Am Ende stoßen sie auf einen hellblauen Transporter. Nora grinst. „Da will wohl ein Pärchen ungestört sein."

„Hey, hast du das gesehen?" Lenny deutet auf die Autonummer. „Deine Initialen und dein Geburtstag: NB 126."

„Stimmt! Das ist ja witzig." NB könnte Nora Beck heißen, 126 steht für den 12. Juni.

Sie müssen einen Zahn zulegen. Als sie den Badestrand wieder erreichen, ist es bereits stockdunkel. Zum Glück spenden ihre Smartphones genug Licht. Hinter dem Busch finden sie Noras Decken und einen Korb mit schmutzigem Geschirr.

Erst nach zehn kommen sie bei Nora zu Hause an. „Danke fürs Heimbringen", sagt sie leise.

„Hab ich gern gemacht. Danke für den schönen Abend", antwortet Lenny und schaut Nora in die Augen. Ziemlich lang. Dann dreht er sich schnell um und geht nach Hause.

6. Kapitel

Alles nur Luft?

Am Montag gibt es große Lagebesprechung.
Beim Arzt war Lenny nicht, aber im Rathaus. „Oh Mann, ich bin echt sauer!",
schimpft er. „Zuerst schicken sie mich in vier
verschiedene Zimmer. Dann meint so ein
Schreibtischfuzzi, man habe das Wasser im
See erst kürzlich geprüft. Sei alles bestens,
könne man notfalls trinken. Dass es rot ist,
käme vermutlich von eisenhaltiger Erde.
Schon wieder untersuchen sei viel zu teuer."

„Hä?" Mark tippt sich mit dem Finger an
die Stirn. „Der hat ja wohl 'n Rad ab!"

Nora ist entsetzt. „Wir sollten ihm ein Glas
von dem Gebräu zu trinken geben!"

„Hab ich auch überlegt", erwidert Lenny.
„Schaut euch mal die Bilder an." Er zeigt den
anderen seine Handyfotos von der roten Brühe
und den toten Fischen.

„Ach du meine Fresse!", stößt Mark aus.

Isi kratzt sich nachdenklich am Kinn. „Also doch was für unser nächstes Video?"

„Ich würde gern noch ein paar Fakten sammeln", antwortet Lenny. „Vielleicht ist es eher was für unseren dritten Film."

„Okay." Nora seufzt. „Im See schwimme ich aber vorerst nicht mehr." Da sind sich alle einig.

„Und welches Thema nehmen wir jetzt?", fragt Isi.

„Wie wäre es mit der Kauf- und Konsumwut?", kommt Noras Vorschlag. „Die Leute bestellen sich übers Internet massenhaft Klamotten, die sie nicht benötigen. Die Hälfte davon schicken sie einfach zurück. Für die Herstellung werden jede Menge Rohstoffe und Energie verbraucht. Es wird selbst ungetragene Kleidung entsorgt. Das ist wieder unnötiger Abfall."

„Du meinst, die werfen neue Kleidung weg?", fragt Esma erstaunt.

„Damit sie wie neu aussieht, muss sie auf-
bereitet werden. Das lohnt sich für die Firmen
oft nicht", erklärt Nora. „Zum Teil gilt das
sogar für Elektrogeräte."

Isi nickt. „Hab ich auch schon gehört.
Man sollte sich wirklich nur schicken lassen,
was man braucht. Oder die Sachen gleich im
Laden anschauen und dort kaufen."

„Manche haben sowieso viel zu viele Klamotten", findet Esma.

„Jedes Jahr ein neues Smartphone ist auch
unnötig", fügt Isi hinzu.

„Echt?", fragt Mark, nur halb im Spaß.

Lenny blickt von seinem Block auf. „Ja,
interessantes Thema. Allerdings würden wir
damit gegen Samira arbeiten. Sie will den
Konsum schließlich fördern."

„Stimmt", bestätigt Isi. „Bei Stress mit
Miss Spliss hätten wir all ihre Fans gegen
uns. Falls wir gewinnen, können wir uns das
ja später vorknöpfen."

„Pah!" Mark winkt ab. „Wir haben sowieso null Chance. Eher lernt meine Urgroßmutter Skateboard fahren."

Frustriert zeigt er die neuesten Bewertungen. Samira hat inzwischen 211 Follower, Phil 143 und *FürMorgen* nur 76. Zudem gibt es bei den beiden anderen deutlich mehr „Gefällt mir"-Klicks und weniger Daumen nach unten.

„Aber wenn wir doch gewinnen, will ich deine Urgroßmutter auf dem Skateboard sehen", fordert Isi grinsend.

„Was gibt es sonst noch für Umweltthemen?", fragt Lenny.

„Die Luftverschmutzung und ihre Auswirkung aufs Klima", antwortet Nora. „Zum Beispiel die Belastung durch Treibhausgase – und die Rodung der Regenwälder macht es natürlich nicht besser …"

„Was hat das mit Rautestein zu tun?", will Mark wissen. „Wir können ja nichts dafür, dass in Brasilien der Regenwald abgeholzt wird."

„Doch, schon auch. Zum Beispiel kann man Möbel aus heimischen Hölzern kaufen. Oder seinen Fleischkonsum reduzieren."

„Hä?" Mark sieht Nora an, als habe sie nicht mehr alle Tassen im Schrank. „Mein Hamburger wächst doch nicht im Dschungel."

„Auf den gerodeten Flächen bauen sie oft Soja an", weiß Nora. „Das wird hauptsächlich als Futter für die Rinder in der Massentierhaltung verwendet."

„Nee, Leute." Mark verschränkt die Arme. „Ich lass mir von euch nicht mein Steak vermiesen."

„Es müssen ja nicht gleich alle Vegetarier oder gar Veganer werden", wendet Isi ein. „Aber man kann mit etwas weniger Fleisch auskommen."

„Die Menschen hier werfen auch oft Essen weg", fällt Esma ein.

„Das stimmt", bestätigt Nora. „Also noch mehr Abfall. Außerdem wird bei der Produktion von Lebensmitteln Luft verschmutzt und viel Wasser verbraucht. Da könnte man eine Menge einsparen."

„Bei manchen landet sogar guter Joghurt im Müll, nur weil er zwei Tage abgelaufen ist", fügt Isi hinzu.

71

„Die Reduzierung von Treibhausgasen ist auf jeden Fall wichtig", sagt Lenny. „Sonst rennen wir irgendwann mit Sauerstoffmasken durch die Gegend. Soweit ich weiß, kommen auch viele Unwetterkatastrophen davon."

Nach kurzer Diskussion stimmen sie ab. Vier sind für das Thema „Luft", Mark zuckt nur müde mit den Schultern. Also ist es beschlossene Sache.

Nora legt beim nächsten Treffen ihre Notizen auf den Tisch. „Ich hätte nicht gedacht, dass es unserem Klima so extrem schlecht geht", gibt sie zu.

„Da hab ich was ganz anderes gelesen", wendet Mark ein. Er lädt eine Internetseite. „Hier steht, es existiert in Wirklichkeit gar keine Klimakrise."

„Hast du mal nachgeforscht, wer das geschrieben hat?", hakt Lenny nach.

„Wissenschaftler", meint Mark.

Lenny schüttelt den Kopf. „Ich bin auch auf diese Seite gestoßen und hab genauer recherchiert. Das sind keine Wissenschaftler, sondern Leute, die einer bestimmten politischen Richtung angehören. Denen passt Umweltschutz nicht in den Kram, weil sie dann weniger verdienen würden. Manche denken eher an ihren Geldbeutel als an die Zukunft ihrer Kinder."

Mark überfliegt Lennys Nachforschungen. Skeptisch zieht er die Stirn in Falten, sagt aber nichts mehr.

Lenny zückt seinen Kugelschreiber. „Was sollen wir ins nächste Video packen?"

„Etwas, das wir selbst umsetzen können", meint Isi.

„Ich hab einiges zum Fleischkonsum nachgelesen", sagt Nora. „Wie gesagt: Der Regenwald wird vor allem wegen Fleisch gerodet – für Rinderweiden und Sojaplantagen. Das Soja wird hauptsächlich exportiert, auch zu uns. Die abgeholzten Bäume fehlen weltweit als Lieferanten für Sauerstoff. Dann kommt dazu, dass Rinder extrem viel Methan rülpsen und pupsen."

Mark verdreht die Augen. „Klar. Wegen so 'nem Rinderfurz kriegen wir Atemnot."

„So ein Rindvieh stößt jeden Tag etwa zweihundert Liter Methan aus", macht Nora weiter.

„Rindvieh Mark auch?", fragt Isi grinsend.

Nora lässt sich nicht stören. „Methan ist als Treibhausgas fünfundzwanzigmal so wirksam wie Kohlendioxid. Deshalb ist es ein übler Klimakiller. Wir sollten also unbedingt Fleisch auf unserem Speisezettel reduzieren. Milch, Butter und Käse sind übrigens ähnlich schlimm."

„Mann, ich will aber nicht nur Körner fressen", motzt Mark. „Bin doch kein Huhn."

„Dann wärst du nicht ganz so schlecht für die Umwelt. Hühnerfleisch verursacht

weniger CO_2 als ein Rindvieh", antwortet
Nora mit einem Augenzwinkern. „Man kann
einfach etwas weniger Fleisch essen. Der
durchschnittliche Deutsche vertilgt sechzig
5 Kilo pro Jahr. Wenn wir nur jeden zweiten
Tag hundertfünfzig Gramm Fleisch und
Wurst essen würden, käme nicht mal die
Hälfte zusammen. Außerdem sollte man
möglichst Biofleisch kaufen, da werden die
10 Tiere nicht so mies gehalten. Am besten aus
der Region, weil weite Transportwege die
Umwelt wieder mehr belasten."

„Wir haben doch einen Biobauern am
Stadtrand", fällt Isi ein. „Dort könnten wir
15 vielleicht einen kleinen Film drehen."

Die Idee gefällt allen. Selbst Mark.

Als Nächstes sprechen sie über den Verkehr. Isi hat Fotos vor den Schulen gemacht.
Kreuz und quer stehen Elterntaxis. „Als wenn
20 Rautestein nur gehbehinderte Kinder hätte",
bemerkt sie. „Manchen Leuten sind schon

fünfhundert Meter Fußweg zu weit, obwohl ein bisschen Bewegung gesünder wäre."

„Warum haben die meisten so große Autos?", fragt Esma. „Kleinere würden oft reichen. Die brauchen weniger Sprit."

„Außerdem produzieren die Protzkisten viel mehr Schadstoffe", fügt Lenny hinzu.

„Einige geben sogar mit ihren Flugmeilen an." Isi schüttelt den Kopf. „Wir leben in einem so schönen Land. Man muss doch in den Ferien nicht immer ans Ende der Welt fliegen."

„Genau. Urlauber hauen durch die Fliegerei oft unnötig Dreck in die Luft", bestätigt Nora. „Dann liegen sie in der Karibik unter Palmen und kriegen nicht mal was von Land und Leuten mit. Strandurlaub kann man auch näher haben."

„Und wozu braucht man Obst und Gemüse aus Peru oder Südafrika?", fragt Isi. „Überlegt mal, wie viele Schadstoffe durch den Transport entstehen. Man muss doch im Winter keine Erdbeeren essen."

„Ja, der Verkehr ist ein schlimmer Klimakiller", sagt Lenny. „Auch durch die Feinstaubbelastung. Da muss sich eine Menge ändern."

Ein weiteres Problem ist der steigende Energieverbrauch, der ebenfalls Umwelt und Luft belastet. Sie überlegen, wie auch Jugendliche Strom sparen können. Zum Beispiel nicht zu lang duschen. Klamotten nicht grundsätzlich schon nach einmaligem Tragen in die Dreckwäsche werfen. Elektrogeräte komplett abschalten und nicht im Standby lassen. Es kommt einiges zusammen.

„Darf ich wieder ein Interview machen?", fragt Esma.

„Wir könnten Jugendliche ansprechen, was sie für den Klimaschutz tun", schlägt Isi vor.

„Ja, das wäre super", sagt Lenny. „Für die soll der Channel ja vor allem sein."

Themen und Ideen haben sie genug. Nun muss ein spannendes Video daraus werden, um die Beiträge von Phil und Samira zu toppen. Doch das wird nicht einfach.

7. Kapitel

Probleme ohne Ende

Lenny will noch einmal zum See, um bessere
Fotos zu machen. Außerdem hat er ein leeres
Marmeladenglas dabei, für eine Wasserprobe.
Doch das Wetter scheint gegen dieses Vor-
haben zu sein. Der Himmel zieht zu, ein
starker Wind kommt auf. Die Aktion muss
wohl bis morgen warten.

Abends um halb acht geht es richtig los.
Ein schwerer Sturm pfeift durch die Stadt.
Äste krachen von den Bäumen, Mülleimer
kullern umher. Dann folgt der Regen. Oder
die Sintflut. Wassermassen stürzen auf die
Erde. Im Nu werden einige Straßen zu
reißenden Bächen.

Lenny hat einen Geistesblitz. Vom Fenster
aus macht er Aufnahmen von dem beängsti-
genden Unwetter.

Auch Nora hält das schreckliche Getöse
mit dem Handy fest. Dabei muss sie immer

wieder an die Katastrophe im letzten Jahr denken. Dächer wurden abgedeckt, unzählige Häuser überschwemmt, Autos demoliert. Es gab sogar Tote, einen Mann und eine Frau.
5 Auch die Katze der Nachbarn ertrank.

Rumms! Ein lauter Schlag lässt sie zusammenzucken. Kurz darauf entsetztes Kreischen ihrer Mutter. „Oh nein! Der Balkonkasten ist abgestürzt!" Zum Glück wurde niemand von der Wucht getroffen. Nur die Geranien sind hinüber.

Eine Stunde später ist der Spuk vorbei. Doch Regen und Sturm haben ein Schlachtfeld hinterlassen. Gärten sind verwüstet und die Straßen voll Dreck und Matsch. Im letzten Herbst war es noch schlimmer. Immer häufiger wird auch Rautestein Opfer solcher Katastrophen.

Am nächsten Tag gibt es im Büro der Schülerzeitung eine Sondersitzung.

„Ich hatte gestern schreckliche Angst." Esma hört sich noch immer verstört an. „Die Donnerschläge klangen wie Bomben. Ich hab mich unter der Bettdecke versteckt und gezittert."

„War echt heftig." Mark zeigt eine dicke Schramme am Knie. „Ich war bei 'nem Kumpel. Der Sturm hat mich bei der Heimfahrt voll vom Bike gefegt."

Nora seufzt. „Im Garten meiner Großeltern sind sämtliche Kirschen und Himbeeren hinüber."

Alle können von Schäden berichten. Die Aufnahmen auf den Handys von Nora und Lenny sind erschreckend. Für die Stadt war es ein schlimmer Abend. Für das Video von *FürMorgen* dagegen kam das Unwetter zur rechten Zeit.

„Ich hab gestern noch recherchiert", erzählt Lenny. „Dass wir immer häufiger so extremes Wetter haben, kommt eindeutig vom Klimawandel. Die Treibhausgase und die Erderwärmung sind daran schuld. Wasser verdunstet schneller. Die Folgen sind Dürre und Brandgefahr, aber auch heftige Niederschläge. Starke Stürme werden dadurch häufiger."

Esma schluckt. „Kann man denn nichts dagegen tun?"

„Doch, schon", antwortet Nora. „Genau das, worüber wir in unseren Videos be-

richten. Wir müssen zum Beispiel Energie
sparen. Und wir dürfen nicht dauernd die
Luft verpesten. Wenn wir die Erde aus-
beuten, schlägt sie eben zurück."

Ganz klar, die Erde muss geschützt werden.
Nach dem Schreck von gestern sind alle noch
mehr von ihrem Thema überzeugt. Inzwischen
sogar Mark.

Einige Tage später haben sie jede Menge
Material für den neuen Film beisammen.
Zum Glück, denn er soll bald online sein.
Die Szenen vom Unwetter passen super.
Interessant ist auch das Gespräch mit dem
Biobauern. Er beschreibt, wie seine Tiere
leben und wie es dagegen in der Massentier-
haltung aussieht. Außerdem erklärt er, wie
sich Dünger und Pflanzenschutzmittel auf
Luft, Wasser und Insekten auswirken.

Die Antworten der interviewten Jugendlichen aus Rautestein sind sehr unterschied-

lich. Manchen ist bewusst, dass sie etwas für den Klimaschutz tun müssen. Andere interessiert das nicht die Bohne.

Nora und Lenny haben viele Infos zu Luftverschmutzung und Klimaerwärmung gesammelt. Die sollen passend ins Video eingebaut werden. „Ich bin mir nicht sicher, wie ich alles zusammenschneiden soll", gibt Mark zu. „Kann mir jemand helfen?"

„Heute und morgen muss ich Mathe lernen", sagt Isi. „Aber danach hätte ich vielleicht Zeit."

Mark überlegt nicht lang. „Vorschlag: Ich helf dir bei Mathe und du mir mit dem Video."

„Super Deal!" Isi schlägt bei Mark ein. „Dann komm ich heute um vier."

„Das wäre also geklärt", sagt Lenny. „Jetzt muss ich euch noch etwas erzählen."

„Oh, Märchenstunde." Mark lehnt sich zurück.

„Nee, wahre Nachrichten vom Stausee", korrigiert Lenny.

„Ach, stimmt", erinnert sich Nora. „Hab ich durch das Unwetter fast vergessen."

„Also, ich war heute Morgen noch mal an dem verseuchten Ufer. Wollte Fotos machen und eine Wasserprobe holen. Leider hat das Unwetter alles aufgewühlt und die Ekelbrühe verteilt."

„Mist", flucht Nora. „Dann ist das Gift jetzt auch auf der Badeseite."

„Ich fürchte, ja. Hoffentlich gut verdünnt. Kaum zu glauben, dass die Sesselfurzer vom Rathaus nichts unternehmen. Ich hab vorhin angerufen. Sie meinten, irgendwann würden sie das prüfen. Ich kann mir vorstellen, wie lang *irgendwann* bei so Aktenwälzern dauert." Lenny klingt ziemlich sauer. Auch die anderen können es nicht fassen.

„Was, wenn alle krank werden, die im Stausee baden?", fragt Esma.

„Dann ist die Kacke am Dampfen", meint Mark. „Aber auf uns junge Leute hört ja keiner.

Nicht mal meine Eltern, wenn ich mehr Taschengeld brauche."

„Bei meinem Ausflug heute früh sind mir frische Autospuren in der Nähe des Ufers aufgefallen. Ich hab sie fotografiert", macht Lenny weiter. „An derselben Stelle ist kürzlich ein hellblauer Transporter aufgetaucht. Und auch vorgestern bin ich so einem begegnet. Mit dem gleichen Reifenprofil. Diesmal stand er auf dem Gelände der alten Werkzeugfabrik."

„Am Stadtrand? Die steht doch leer", wendet Mark ein.

„Dachte ich auch", erwidert Lenny. „Aber da wird wieder gearbeitet. Von dem Transporter dort konnte ich das Kennzeichen entziffern."

„Lass raten", geht Nora dazwischen. „NB 126."

„Ganz genau. Hundert Punkte." Lenny zwinkert ihr zu. „Bei tausend gibt's 'ne Einladung zum Eisessen."

„Cool!", ruft Nora aus. „Dann sammle ich für 'nen Heidelbeerbecher."

„Hä? Woher kennst du das Nummernschild? Kannst du hellsehen?", wundert sich Esma.

Nora lacht. „Klar, wenn ich ins Licht schaue. Nein, den Wagen hab ich auch schon mal gesehen." Gemeinsam mit Lenny berichtet sie von ihrer Entdeckung am See.

„Haben diese Leute das Wasser vergiftet?", fragt Esma nachdenklich.

Lenny fährt sich durch seine Wuschelhaare. „Ich kann nichts beweisen. Ist aber gut möglich."

„Oh Mann, das müssen wir rausfinden!", ruft Mark.

Da sind sich alle einig. Aber wie? Knapp tausend Ideen werden besprochen und verworfen. Am Ende bleibt eine übrig. Vermutlich die gefährlichste. Freitagnacht wird's spannend.

Vor der aufregenden Nacht musste aber noch der zweite Beitrag für den Stadtkanal ins Netz. Mark und Isi haben ihr Bestes gegeben. Das Video ist super geworden. Der You-Tube-Channel von *FürMorgen* bekommt eine Menge neue Follower. Nun haben sie beinahe so viele Abonnenten wie Phil und immerhin die Hälfte von Samira. Die Kommentare sind allerdings wieder sehr gemischt. Manche danken den Jugendlichen für den tollen Einsatz. Andere wollen nicht einsehen, dass die Unwetter zum Teil von Menschen gemacht sind.

Urplötzlich tauchen dann auch noch böse Verleumdungen auf. Mark entdeckt sie zuerst, am Freitag in der großen Pause. „Was?! Die haben doch nicht alle Latten am Zaun!" Eilig sucht er die anderen der Truppe zusammen. „Das müsst ihr euch ansehen!", keucht er.

Eine Diana verbreitet das Gerücht, *Für-Morgen* hätte Filmmaterial gestohlen. HenryF schreibt, Mark habe ihn grundlos verprügelt. Und Chilly Lilly behauptet, Nora und Isi hätten Samira aufgelauert und gemobbt. Die Reaktionen sind erschreckend: jede Menge Daumen nach unten.

„Das ist doch alles gelogen, oder?", fragt Esma unsicher.

„Na klar, was meinst du." Mark ist stinkwütend.

„Wer denkt sich bitte so einen Quatsch aus, um uns zu schaden?", rätselt Lenny.

Isi schielt zu Miss Spliss und ihrer Clique hinüber. Samira wirft gerade lachend ihre Haare zurück. „Miss Spliss", sagt Isi leise.

„Du meinst, sie will so hinterhältig auf Stimmenfang gehen?", fragt Nora.

„Hey, schaut mal!" Mark deutet auf die Kommentare unter Phils Video. „Da haben dieselben drei Leute fieses Zeug geschrieben."

Bei Samira dagegen gibt es fast nur Lob und keine Verleumdungen. Für Nora ist es eindeutig: „Isi hat recht. Wir müssen uns Miss Spliss vorknöpfen."

Zu fünft stürmen sie auf die Konkurrentin und ihre Clique zu.

5 „Hi! Na, wie läuft's bei euch?", fragt Samira lächelnd.

„Was soll das?", fährt Lenny sie lautstark an. „Musst du dir Leute kaufen, um zu gewinnen?"

Samira zuckt zusammen. Das Lächeln fällt 10 ihr aus dem Gesicht. „Wie? Worum geht's?"

„Jetzt spiel nicht das Unschuldslamm", mosert Isi. „Nimmt dir keiner ab."

„Hier." Mark hält Miss Spliss sein Handy mit den Beschuldigungen unter die Nase. „Findest du das fair?"

Samira wird blass. „Davon wusste ich nichts", beteuert sie entsetzt. „Das … das ist echt voll gemein."

Isi beobachtet einige der Mädchen, die eben noch mit Miss Spliss gelacht haben. Da fällt ihr eine auf: Luisa. Sie wirkt ziemlich erschrocken. Hat sie etwas damit zu tun?

„Ich kläre das", verspricht Samira. „Auch wenn wir Konkurrenten sind: Fairness muss sein."

Nach dem Unterricht sieht Isi, dass Luisa schluchzend die Schule verlässt. Allein. Ohne Samira und ihre Clique.

Am Nachmittag sind die Lügengeschichten auf YouTube verschwunden. Auch bei Phil. Samira hat sich sogar in einem Kommentar entschuldigt. Jemand wollte sie mit unfairen Mitteln unterstützen, schreibt sie, aber ohne sich mit ihr abzusprechen. Klingt einigermaßen glaubwürdig. Danach schießen bei allen drei Gruppen jede Menge Daumen nach oben. Wie üblich: Ein Skandal lockt neugierige Beobachter.

Noch immer liegt Samiras Mode-Channel vorne, mit insgesamt 342 Followern. Bei Phil und *FürMorgen* sind es um die zweihundert. Der Sieg ist für das Umweltschutz-Team weit entfernt. Aber es geht aufwärts.

8. Kapitel

Spione in der Dunkelheit

Nachts um halb zwölf ist der Parkplatz im Industriegebiet normalerweise ausgestorben. Im schwachen Licht einiger Laternen kann man höchstens Fledermäuse beobachten. Doch heute tauchen fünf geheimnisvolle Gestalten auf. Alle sind schwarz gekleidet, mit Kapuzen oder Mützen auf den Köpfen. In der Dunkelheit übersieht man sie fast.

„Oh Mann, ich dachte, meine Alten gehen nie ins Bett", brummt jemand. Hört sich an wie Mark. „Beinahe wäre ich zu spät gekommen."

„Ich bin fast eingeschlafen." Klingt wie Esma. Sie gähnt laut.

„Mein Bruder saß noch vor dem Fernseher", murrt Nora. „Deshalb musste ich aus dem Fenster klettern."

„Mir ist ein Nachbar begegnet", berichtet Isi. „Hoffentlich hat er mich nicht erkannt."

„Okay, jetzt sind zum Glück alle da." Das ist Lenny. Mit seinem schwarzen Hoodie sieht man ihn kaum in der Finsternis. „Dann los."

Auf leisen Sohlen gehen sie noch weiter Richtung Stadtrand. Langsam gewöhnen sich ihre Augen an die Dunkelheit. Nur Isi hat Probleme, sie ist nachts blind wie ein Maulwurf. Deshalb hakt sie sich bei Nora unter.

„Und was, wenn wir entdeckt werden?", fragt Esma. „Oder wenn da ein bissiger Wachhund ist?"

„Dann lassen wir dich vorlaufen, als Köder", antwortet Mark.

Für Esma ist das nicht witzig. „Du bist voll gemein." Sie nimmt Noras zweiten Arm in Beschlag. So fühlt sie sich etwas sicherer.

Eine Viertelstunde später deutet Lenny auf ein kleines Fabrikgelände. „Da vorne ist es", raunt er den anderen zu. „Wir gehen hinten herum. Dort hab ich ein Loch im Zaun entdeckt."

„Warum ist das Licht an?", fragt Esma ver-
wundert. „Sind da Leute?"

„Ich glaube nicht, dass die nachts arbeiten",
meint Lenny. „Wahrscheinlich ist es nur eine
Sicherheitsbeleuchtung. Gegen Einbrecher."

„Wie uns", fügt Esma leise hinzu.

Lenny schleicht voran, die anderen folgen
ihm beinahe lautlos. Bald führt der Weg
durchs Gebüsch und ist nur noch im Gänse-
marsch begehbar.

„Shit!", flucht Mark im Flüsterton. „Das
war Hundekacke." Wütend versucht er, im
Gras seinen Schuh abzuputzen.

„Sind wir hier wirklich richtig?", fragt Isi
verunsichert. Wegen ihrer Nachtblindheit
kann sie kaum etwas erkennen. Mühsam
stolpert sie als Letzte durch die Dunkelheit.

„Autsch!" Nora ist ein Ast ins Gesicht ge-
knallt.

„Pssssst, leise", flüstert Lenny. „Wir sind
gleich da."

„Wenn sie nachts nicht arbeiten, hört uns doch niemand", wendet Esma ein.

„Sie könnten einen Nachtwächter haben." Im fahlen Licht der Fabrik kommt ein Gitter zum Vorschein. Lenny steuert darauf zu. „Los, hier ist das Loch." Er bückt sich und kriecht durch den Zaun. Dann winkt er den anderen zu, ihm nach links zu folgen. Plötzlich bleibt er stehen. Mark knallt ihm in den Rücken.

„Spinnst du?!", zischt Mark. Doch dann sieht er den Grund: Zwei Männer wuchten keine zwanzig Schritte entfernt einen großen Kanister in einen hellblauen Transporter. Zum Glück haben sie die Spione nicht entdeckt.

Wie der Blitz verstecken sich die Jugendlichen hinter einem Busch. Der liegt im Dunkeln und weit genug von den Arbeitern entfernt. Dennoch nah genug, dass man die Männer beobachten kann.

Lenny holt sein Smartphone aus der Tasche.
Zwischen den Ästen filmt er die beiden
Typen. Die Qualität wird bei dem miesen
Licht sicher nicht der Knaller. Aber vielleicht
sind das die gesuchten Beweise. Gerade wird
der nächste Kanister aufgeladen.

„Da könnte die giftige rote Brühe drin
sein", wispert Nora.

Plötzlich spürt Lenny eine kräftige Hand
auf der Schulter. Vor Schreck lässt er sein
Handy fallen. Kracks! Das war ein Stiefel
auf dem Display. Kurz darauf hört er Mark
fluchen. Esma stößt einen leisen Schrei aus
und Nora flitzt davon.

Ein Mann schreit direkt neben Lennys Ohr.
Die Sprache versteht er nicht, könnte Russisch
oder Rumänisch oder Polnisch sein. Auf
jeden Fall klingt die Stimme nicht freundlich.

Die beiden Arbeiter vom Lieferwagen
kommen herbeigerannt. Einer erwischt unter-
wegs noch Nora am Kragen.

Unter lautem, unverständlichem Gezeter
der vier Männer werden die Jugendlichen zu
der Fabrik gezerrt. Je mehr sie sich wehren,
desto grober reagieren die Kraftprotze. Einer
von ihnen erteilt einen Befehl. Daraufhin
schleppen die anderen die jungen Eindring-
linge eine lange, steile Treppe hinunter.
Unten werden sie in einen dunklen Raum

geschubst. Rumms!, knallt die Tür hinter ihnen zu. Ein Schlüssel dreht sich im Schloss.

Das Kellerverlies ist stockfinster. Es riecht feucht und muffig.

„Wo sind wir? Ich hab Angst", wimmert Esma.

„Warte, ich mach Licht." Mark schaltet die Taschenlampe seines Smartphones ein.

Der Raum ist klein und voll altem Gerümpel. Überall ist Schimmel und Moder. Der Lichtschalter funktioniert nicht. Den jungen Gefangenen steckt der Schreck in den Gliedern. Und die Angst. Und Ekel.

„Mann, ist das versifft hier", stöhnt Mark. „Hoffentlich werden wir nicht von Ratten gefressen."

Esma boxt ihn in die Seite. „Sag nicht immer so doofe Sachen."

„Übrigens verbreitest du üblen Gestank nach Hundekacke." Naserümpfend deutet Lenny auf Marks Schuh.

Mit Blitzlicht macht Nora einige Fotos von der schrecklichen Unterkunft. Plötzlich fällt ihr etwas Entsetzliches auf. „Nein!", kreischt sie. „Isi! Wo ist Isi?"

„Stimmt!", keucht Esma. „Was haben die Männer mit ihr angestellt?"

„Ach du dickes Ei." Mark schluckt. „Ist mir in dem Chaos gar nicht aufgefallen."

„Was machen wir jetzt?", fragt Esma verzweifelt.

„Geht der Notruf?", überlegt Lenny.

Nora wählt. „Oh nein! Kein Netz!" Auch Mark hat kein Glück.

„Und nun?" Nora spürt, wie Verzweiflung in ihren Körper kriecht. „Die Typen lassen uns doch hier versauern. Und Isi – ich will mir gar nicht ausmalen, was die mit ihr …"

Sie sind von der Außenwelt abgeschnitten. Niemand weiß, wo sie sich aufhalten. Außer den vier Männern. Und die haben garantiert nichts Gutes mit ihnen vor.

„Vielleicht kann man uns orten", überlegt Lenny. „Mein geschrottetes Smartphone liegt noch oben."

„Nein, liegt es nicht." Esma holt etwas aus der Tasche. „Ich hab's vorhin heimlich eingesteckt."

„Oh Mist! Dann kann uns keiner finden." Frustriert drückt Lenny auf dem kaputten Handy herum. Aber es ist tot. „Meine Aufnahmen sind auch hinüber."

„Mann, Leute, wir müssen so schnell wie möglich hier raus." Mark kickt mit dem Fuß an die Wand. „Ich will nicht, dass man irgendwann mein Skelett hier findet. Wir müssen die Tür aufbrechen."

Er will schon Anlauf nehmen, da hält Nora ihn zurück. „Keine Chance. Die ist aus Metall."

„Liegt hier irgendwo ein Draht rum?", überlegt Lenny. „Dann könnten wir versuchen, das Schloss zu knacken."

Tatsächlich taucht zwischen dem Gerümpel ein dünner Metallstab auf. Mark leuchtet und Lenny macht sich am Schloss zu schaffen.

Nichts tut sich. Sie tauschen. Wieder nichts. Auch die Mädchen bemühen sich vergeblich. Nein, als Einbrecher oder Ausbrecher sind sie nicht geeignet. Irgendwann geben sie auf.

Esma trippelt von einem Bein aufs andere. „Ich muss mal ganz dringend", jammert sie.

„Dahinten ist ein alter Eimer", weiß Lenny. „Wir schauen weg." Es gibt kein Klo, kein Wasser, nichts zu essen, keine Sitzgelegenheiten, schon gar keine Betten. Nur abgestandene Luft mit dem Geruch von Moder, Schimmel und Hundekacke.

Kraftlos setzen sie sich an einer einigermaßen sauberen Stelle auf die Erde. Der Stein ist kalt, aber sie sind müde und erschöpft. Mark schaltet sein Handy aus. Das Licht macht diesen grausigen Ort auch nicht besser. Außerdem muss er Akku sparen.

Nora zittert. Lenny legt einen Arm um ihre Schultern. Da wird ihr gleich ein bisschen wohliger. Doch die Angst bleibt.

„Ich will noch nicht sterben", wimmert Esma.

„Quatsch, du wirst hundert", nuschelt Nora mit wenig Überzeugung. In Wirklichkeit fragt auch sie sich, ob das ihr Ende ist.

„Tut mir leid", sagt Lenny mit belegter Stimme. „Ich bin an dem ganzen Mist hier schuld." Er beginnt zu schniefen.

Beruhigend streicht Nora über Lennys Rücken. „Wir haben uns das alle zusammen ausgedacht", sagt sie leise. „Du hast keinen überredet."

„Konnte ja niemand ahnen, dass wir mit der Aktion unser Grab schaufeln", fügt Mark noch leiser hinzu.

Dann verstummen alle. Die schrecklichen Gedanken, die in den vier Köpfen herumspuken, kann keiner hören. Und was in der Ecke raschelt, wollen sie lieber nicht wissen.

9. Kapitel

Die Rettung

Nora zuckt zusammen. Anscheinend ist sie eingeschlafen – im Sitzen auf dem kalten Fußboden. Ein Geräusch hat sie geweckt. Stimmen. Schritte. Mehrere Menschen steigen die Kellertreppe hinunter.

„Die Männer kommen", wispert Esma. Auch sie hat es gehört. „Was machen sie jetzt mit uns?"

„Vermutlich laden sie uns nicht zum Kaffeekränzchen ein", brummt Mark.

Der Schlüssel dreht sich im Schloss. Lenny legt einen Arm um Noras Schulter, als wenn sie das vor den Typen schützen könnte. Esma krallt sich an Noras Arm fest. Mark spannt seine Muskeln an.

Quietschend öffnet sich die Tür. Ein Mann kommt herein, leuchtet den Jugendlichen ins Gesicht. „Da seid ihr ja." Er klingt freundlich. Und er spricht Deutsch, im

Gegensatz zu den Arbeitern letzte Nacht. „Ist alles in Ordnung mit euch?"

Ein Lichtkegel fällt auf den Mann. Er trägt keine Uniform.

„Sind Sie von der Polizei?", fragt Esma hoffnungsvoll.

Er nickt. „Polizeihauptmeister Schmitzke, dein Freund und Helfer."

„Hammer!" Mark streckt seine steifen Glieder. „So hab ich mich noch nie über 'nen Bullen, äh, Polizisten gefreut."

„Haben Sie Isi gefunden?", fragt Nora aufgeregt.

Ein zweiter Polizist in Uniform tritt neben Herrn Schmitzke. „Eure Freundin Isabell hat uns geholt. Ohne sie hätten wir euch nicht so schnell gefunden."

„Vielleicht nie", flüstert Esma.

Wieder hört man, wie Schritte die Treppe herunterkommen, eher langsam und vorsichtig. Die Person quetscht sich an den Polizisten vorbei. „Nora!", kreischt Isi. Schluchzend wirft sie sich in die Arme ihrer Freundin. „Ich hatte solche Angst um euch."

„Und wir hatten schreckliche Angst um dich. Bin ich froh, dass dir nichts passiert ist!" Nun kann auch Nora die Tränen nicht mehr zurückhalten.

„Sagt mal, was habt ihr euch dabei gedacht?", fragt Herr Schmitzke vorwurfsvoll.
„Wie seid ihr auf die Idee gekommen, hier
einzubrechen? Das hätte übel enden können!"

„Wir wollten Beweise finden. Ich glaube,
dass diese Firma für einen Umweltskandal
verantwortlich ist", erklärt Lenny.

„Ach, und deshalb müsst ihr die Helden
spielen?", fragt der andere Polizist. „Schon
mal davon gehört, dass wir für solche Auf-
gaben zuständig sind?"

„Ich weiß", sagt Lenny kleinlaut. „Aber
die Stadt hat nichts unternommen und …"

„Na, jetzt geht mal schnell nach Hause
und legt euch aufs Ohr", unterbricht ihn
Herr Schmitzke. „In diesem stinkenden Loch
muss man ja nicht länger bleiben als nötig.
Der Vater eurer Retterin wartet schon auf
euch. Aber heute Nachmittag um vier will
ich euch auf der Polizeidienststelle sehen.
Gerne zusammen mit euren Eltern."

„Okay, wir kommen", verspricht Lenny. „Aber Sie müssen den Laden hier untersuchen."

„Keine Angst, junger Mann", antwortet der andere Polizist mit leichtem Vorwurf in der Stimme. „Wir haben das im Griff."

„Verdammt, mir tut alles weh", stöhnt Mark, als sie die Treppe hinaufsteigen. „So übel hab ich noch nie gepennt."

„Wo sind die Männer?", fragt Esma ein wenig unsicher.

„Die haben wir in Gewahrsam genommen", antwortet Herr Schmitzke. „Eure Freundin hat gefilmt, wie sie euch überwältigt haben. Das ist Freiheitsberaubung. Dafür können wir sie schon mal einige Tage auf Staatskosten beherbergen."

„Gut." Esma atmet erleichtert auf.

Sechs Uhr. Etwa fünf Stunden haben sie in dem Gefängnis zugebracht. Die Sonne verkündet bereits einen schönen Sommertag, die Luft ist frisch.

Isis Vater steht vor dem Fabriktor. Praktischerweise hat er den Van seiner Firma dabei, so kann er die fünf Jugendlichen gemeinsam ins Auto packen. „Da sind ja die Einbrecher", sagt er mit einem Augenzwinkern. „Ehrlich gesagt hätte ich euch für schlauer gehalten. Das war extrem leichtsinnig!"

„Papa! Muss das jetzt sein?", fragt Isi genervt.

„Na ja, okay." Ihr Vater atmet tief durch. „Ich bin auf jeden Fall froh, dass ihr heil aus der Nummer rausgekommen seid."

Die anderen Eltern haben eben erst von der Gefangenschaft ihrer Kinder erfahren. Natürlich gibt es zu Hause heftige Standpauken. Aber vor allem sind die Eltern froh, dass die riskante Aktion gut ausgegangen ist.

Am Nachmittag um drei trifft sich das *Für-Morgen*-Team im Park in der Nähe der Polizeiwache. Eine heiße Dusche, einige Stunden Schlaf im weichen Bett und leckeres Mittagessen haben Wunder gewirkt. Nora ist leicht erkältet. Mark schmerzen die Glieder. Esma ist müde, weil sie Albträume hatte, und Lenny hat sich einige Fingernägel abgekaut. Ansonsten geht es ihnen gut.

„Jetzt will ich endlich alles wissen", löchert Nora ihre Freundin. „Wie konntest du vor den Typen fliehen?"

„Ich bin nicht geflohen", antwortet Isi. „Es war doch stockdunkel und ich hab fast nichts gesehen. Da bin ich gestolpert. Ein Ast hat mir auch noch die Brille vom Kopf gefegt. Ich bin ewig auf dem Boden herumgekrochen, um sie zu suchen. Als ich durch das Loch im Zaun schlüpfen wollte, hab ich die Männer bemerkt. Sie haben euch gerade brutal weggezerrt. Ich hab mich schnell versteckt und alles gefilmt. Und dann hab ich die Polizei gerufen."

„Puh!" Nora wischt sich grinsend über die Stirn. „Ein Glück, dass du so ein blinder Maulwurf bist."

Natürlich will nun auch Isi wissen, wie es den anderen ergangen ist.

„Boah, das klingt ja grässlich!", stöhnt sie nach dem Bericht. „Wollten die euch an die Ratten verfüttern?"

„Die Viecher sind uns zum Glück nicht zu nah gekommen", antwortet Lenny. „Wahrscheinlich haben sie wegen Mark Abstand gehalten. Der stank so dermaßen nach Hundekacke …"

Lachend machen sie sich auf den Weg zur Polizeiwache. Die Angst sitzt ihnen noch in den Gliedern. Doch Lachen nimmt dem Schrecken seine Kraft.

Am Eingang treffen sie auf Noras Mutter und Esmas Vater. Sie wollen bei der Befragung dabei sein.

Polizeihauptmeister Schmitzke erwartet sie schon. „So, nun möchte ich von euch genau wissen, wie alles abgelaufen ist", sagt er. „Fürs Protokoll."

Lenny berichtet von den toten Fischen und der rötlichen Substanz im Wasser. „Das muss Gift sein. Meine Haut hat übelst gebrannt."

„Ist da nicht eine Absperrung im See?",

5 fragt Herr Schmitzke.

„Schon." Lenny kaut nervös auf seiner Unterlippe. Hoffentlich kassiert er keine Strafe wegen unerlaubter Übertretung – oder besser: Untertauchung. Schnell spricht er weiter und

10 erzählt von dem Lieferwagen. „Ich glaube, in den Kanistern ist eine giftige Flüssigkeit von der Fabrik. Die leiten sie in den See. Aber wir hatten keine Beweise. Und die vom Rathaus wollten nichts unternehmen."

15 „Aha. Deshalb seid ihr eingebrochen." Herr Schmitzke schüttelt den Kopf. „Eigentlich hättet ihr noch einen Tag länger in dem stinkenden Loch schmoren sollen", sagt er. Sein Schmunzeln beweist, dass er es nur halb

20 ernst meint. Dennoch wirft ihm Noras Mutter einen bösen Blick zu.

„Also, jetzt erzählt mal", fordert der Polizist die Jugendlichen dann auf. Aufmerksam hört er sich an, wie sie verschleppt und eingesperrt worden sind.

5 Am Ende schüttelt er wieder den Kopf. „Warum ist euch die Sache eigentlich so wichtig? Ihr habt euch dafür in große Gefahr begeben."

„Na, wegen unserem YouTube-Channel 10 beim Stadtkanal", antwortet Esma. „Wir kämpfen doch für den Umweltschutz."

„Anstatt für die Schule zu lernen", brummt ihr Vater.

Zuerst schaut der Polizeihauptmeister Esma 15 an, als würde er nur Bahnhof verstehen. Dann schießt die Erkenntnis in seinen Kopf. „Ihr seid die *FürMorgen*-Leute?", fragt er.

„Genau", bestätigt Nora. „Wir müssen noch ein Video machen. Da dachten wir, 20 dieser Umweltskandal in Rautestein wäre ideal."

„Soso." Herr Schmitzke klopft mit dem Bleistift auf den Tisch. „Es hat aber nicht zufällig jemand von euch das Zeug ins Wasser gekippt?"

Die Jugendlichen sind dermaßen empört, dass sie das Grinsen des Polizisten völlig übersehen. „Ist ja schon gut, war nur ein

Witz", beruhigt er sie. „Ich fand eure ersten beiden Videos übrigens sehr beeindruckend. Umweltschutz ist ein wichtiges Thema. Toll, dass ihr euch dafür einsetzt. Aber diesmal seid ihr zu weit gegangen. Da könnte noch eine Strafe auf euch zukommen."

Noras Mutter stöhnt.

„Die nehm ich auf mich", sagt Lenny mit gesenktem Kopf. „Ich hab die anderen da mit reingezogen."

„Mann, spiel nicht den Helden", geht Mark dazwischen. „Wir haben das alle gemeinsam verbockt."

Nora hat noch andere Sorgen: „Können wir nun eigentlich über die Sache berichten? Wir brauchen ja schnell ein Thema für den letzten Film. Und erfahren wir, ob die von der Werkzeugfabrik wirklich giftiges Zeug im See entsorgt haben?"

Der Polizist wiegt den Kopf hin und her. „Das kann ich nicht versprechen. Aber ich

werde ein gutes Wort für euch einlegen."
Er lächelt in die Runde. Es gibt also einige
Hoffnungsschimmer.

10. Kapitel

Für Morgen

Herr Schmitzke ist ein Engel in Polizeiuniform.
Er konnte erreichen, dass die jungen Umwelt-
schützer über einen Teil der Ermittlungen
berichten dürfen. Und er will versuchen, eine
Strafe für die Jugendlichen abzuwenden.

Plötzlich geht es Schlag auf Schlag. Bei
einer Wasserprobe am Stausee werden Schwer-
metalle in gefährlicher Menge gemessen.
Laugen, Säuren, Fette, Phosphate und kleine
Metallsplitter bestätigen den Verdacht: Abwasser von der Metallverarbeitung wurden
ins Wasser geleitet. Der See ist ab sofort für
Badegäste gesperrt. Am Ufer werden Schilder
aufgestellt, die auf das Verbot und die Ge-
fahren hinweisen.

Spuren und Erdproben beweisen, dass
der hellblaue Transporter am See war. Die
Kanister enthalten giftige Abwasser – genau
wie die vom See.

„Normalerweise müssen diese Stoffe gegen Gebühr entsorgt werden", erklärt Herr Schmitzke. „Da wollte jemand Geld sparen – auf Kosten der Gesundheit von Menschen und Tieren."

„Hat denn niemand kontrolliert, was die mit der Giftbrühe machen?", wundert sich Lenny.

Herr Schmitzke schüttelt den Kopf. „Die Fabrik war nicht angemeldet. Ein Einwohner aus Rautestein hat sie gepachtet, angeblich für Hobbyzwecke. In Wirklichkeit hat er die alten Maschinen benutzt, um Werkzeuge herzustellen und zu verkaufen."

„Und die Männer, die uns eingesperrt haben?", fragt Esma.

„Das waren billige Schwarzarbeiter aus Osteuropa", sagt der Polizist. „Also ein weiteres Delikt."

Nora runzelt die Stirn. „Wenn das alles hintenherum lief, wie konnte er die Werkzeuge dann verhökern?"

Der Polizeihauptmeister lacht kurz auf. „Über eBay zum Beispiel. Das Werkzeug bekam das gefälschte Logo eines Marken-fabrikats. Die Käufer dachten, sie würden ein Schnäppchen machen. Stattdessen erhielten sie minderwertigen Schrott."

„Also kommt noch Markenpiraterie dazu", stellt Lenny fest.

Der Tag ist heiß. Nora bindet ihre langen Locken zu einem Pferdeschwanz. „Wann wird man wieder im See schwimmen können?"

„Oh, das kann dauern. Ich fürchte, diesen Sommer müsst ihr ins Freibad in der Nach-barstadt."

„Mann! Nur weil so ein paar Flachköpfe nicht an unsere Umwelt denken." Mark regt sich auf, als wäre Naturschutz schon immer sein Lieblingsthema gewesen.

„Tja, zum Glück habt ihr die Katastrophe entdeckt", bemerkt der Polizeihauptmeister. „Außer toten Wassertieren und Haut-

reizungen bei einigen Schwimmern ist mir
nichts bekannt. Da hätte jemand ernsthaft
erkranken können."

Natürlich sind die örtlichen Zeitungen wild
auf die Story. Sogar die Abendschau will über
den Umweltskandal berichten. Und über die
engagierten Jugendlichen, die ihn aufgedeckt
haben.

Für das *FürMorgen*-Team heißt es Dampf
machen. Ihr Video muss online sein, bevor
das Thema von anderen Medien ausge-
schlachtet worden ist.

Immerhin haben die Jugendlichen ein
Exklusiv-Interview mit Polizeihauptmeister
Schmitzke. Außerdem gibt es Isis Video von
der brutalen Verschleppung. Die Fotos von
dem ekligen Gefängnis sind auch nicht
schlecht. Und Mark kann zum Glück Lennys
Speicherkarte retten. Darauf und auf Noras
Handy sind einige Bilder von toten Fischen

in der rötlichen Brühe. Alles muss gesammelt, sortiert und zu einem Video geschnitten werden. Ein enormer Berg an Arbeit, die am besten vorgestern fertig sein sollte.

„Könntest du mir wieder helfen?", wendet sich Mark an Isi.

„Na gut", antwortet Isi frech grinsend. „Allein kriegst du ja nix auf die Reihe."

„Dafür bin ich besser in Mathe", kontert Mark mit einem Augenzwinkern.

Das Video wird der Renner. Zugegeben, technisch ist noch Luft nach oben. Manche Filmsequenzen sind verwackelt, einige Bilder unscharf und schlecht erkennbar. Aber daran stört sich kaum jemand. Im Gegenteil: Alles wirkt dadurch richtig authentisch. Im Nu verbreitet sich die Nachricht von der Aufklärung des Umweltskandals in ganz Rautestein und Umgebung. Erst recht, als auch noch die Abendschau über den Einsatz der

Jugendlichen berichtet. Explosionsartig gehen die „Gefällt mir"-Stimmen und Follower nach oben.

In den Kommentaren gibt es viele Dankesworte. „Wenn meine zweijährige Tochter das Wasser geschluckt hätte – kaum auszudenken!", schreibt eine Mutter.

„Was hätte alles passieren können, wenn das Gift weiter in den See gekippt worden wäre!", bemerkt ein Mann. „Es hätte unser Trinkwasser verunreinigen können."

Eine Frau gibt zu bedenken: „In anderen Ländern haben die Menschen ständig solch ungenießbares Trinkwasser. Daran sind zum Teil wir schuld. Wenn wir zum Beispiel Billigklamotten kaufen. Die Textilindustrie leitet ihren Dreck einfach in die Flüsse."

Probleme mit verseuchtem Wasser gibt es plötzlich nicht nur in weit entfernten Regionen der Erde. Die Katastrophe ist sozusagen vor der Haustür angelangt. Manchen wird dadurch ein bisschen bewusster, wie es vielen Menschen in Asien und Afrika ergeht.

Dann kommt der magische Tag. Um sechs Uhr abends soll sich entscheiden, welche Gruppe den Zuschlag für den Jugendkanal von Rautestein erhält. In der großen Pause stehen die *FürMorgen*-Leute aufgeregt beieinander. Im Moment gibt es ein Kopf-an-Kopf-Rennen zwischen ihnen und Samiras Mode-Channel.

„Wenn's doch schon sechs Uhr wäre", stöhnt Nora. „Ich will endlich das Ergebnis wissen."

Mark aktualisiert minütlich die Seite. Plötzlich stutzt er. An einem Kommentar bleibt er hängen. „Da steht, Samira wurde von den Boutiquen bezahlt."

„Was? Das wär ja der Hammer", schnaubt Lenny. „Unparteiisch geht anders."

Isi zuckt mit den Schultern. „Das trau ich Miss Spliss voll zu."

Inzwischen hat auch Nora die Seite geöffnet. „Da ist eine Antwort von Samira. Sie schreibt, das sei normal. Die meisten Influencer machen das angeblich so."

Egal, ob das bei Influencern normal ist. Viele Rautesteiner sind sauer und fühlen sich hinters Licht geführt. Sie wollen ehrliche, unabhängige Berichte.

Und dann kommt die Entscheidung. Das Team sitzt im Büro, um sie gemeinsam zu erleben. Noch zehn Sekunden, neun, acht … Plötzlich ploppt eine Fehlermeldung auf: *Diese Seite ist vorübergehend nicht erreichbar.*

„Nee, oder?", stöhnt Mark. „Das können die nicht bringen!"

Kurz darauf erscheint die Nachricht, dass die Gewinner ermittelt seien.

„Na toll. Aber wer ist es denn nun?" Lenny klopft nervös auf die Tischplatte.

Endlich wird das Siegerteam auf einer Art Urkunde präsentiert. Das Ergebnis steht fest.

„Wir haben gewonnen!", jubeln sie zu fünft. *FürMorgen* hat den Job. Mit professioneller Ausrüstung und mehr Zeit werden die Videos garantiert noch besser. Und sogar bezahlt.

Isi lacht. „Jetzt wollen wir deine Uroma aber wirklich auf dem Skateboard sehen, Mark!"

Wenige Tage danach erscheint die Schülerzeitung. Darin gibt es noch einmal Fakten zu den Umweltthemen. Außerdem berichtet das Team über seine Abenteuer und den Giftskandal im See. Innerhalb einer Stunde sind alle Hefte verkauft. Die Ausgabe muss nachgedruckt werden.

Auf der letzten Seite ist ein Aufruf, für mehr Klimaschutz zu demonstrieren. Das war Noras Einfall.

Und er wirkt. Hunderte von Jugendlichen und Erwachsenen versammeln sich auf Rautesteins Straßen. Die Umwelt ist doch nicht allen egal. Allein kann keiner die Erde retten. Aber ein bisschen dazu beitragen, das schon.

Lenny ist begeistert vom Erfolg des Aufrufs. „Nora, für die geniale Idee bekommst du neunhundert Punkte", verkündet er strahlend. „Für wie viele Punkte hab ich dir noch mal ein Eis versprochen …?"

Schon am nächsten Nachmittag löst Lenny sein Versprechen ein.

„Hey, die Heidelbeere gehört mir!" Lachend kämpft Nora mit ihrem Löffel um die blaue Frucht.

„Okay, dann krieg ich die Erdbeere", entgegnet Lenny. Zusammen mit einem Berg Vanilleeis lässt er sie im Mund verschwinden.

Überrascht zeigt Nora zu einem anderen Tisch der Eisdiele. „Oh, schau, Isi und Mark sind auch da. Sollen wir sie zu uns holen?"

„Nee, besser nicht." Lenny grinst. „Sie haben einen Freundschaftsbecher."

„Stimmt. Wir doch auch", stellt Nora fest.

Lenny nimmt ihre Hand und sieht ihr tief in die Augen. „Eben", sagt er leise.

Da wird Nora trotz des kalten Eisbechers ganz warm. Und das liegt nicht am Klimawandel.